U0514311

老字号品牌双元性研究

LAOZIHAO
PINPAI SHUANGYUANXING YANJIU

安徽财经大学著作出版基金资助

徐 伟◎著

中国财经出版传媒集团

经济科学出版社
Economic Science Press

图书在版编目（CIP）数据

老字号品牌双元性研究／徐伟著．-- 北京：经济
科学出版社，2023.3
ISBN 978 - 7 - 5218 - 4600 - 3

Ⅰ.①老…　Ⅱ.①徐…　Ⅲ.①老字号 - 品牌管理 - 研
究 - 中国　Ⅳ.①F279.24

中国国家版本馆 CIP 数据核字（2023）第 040978 号

责任编辑：杜　鹏　张立莉　常家凤
责任校对：孙　晨
责任印制：邱　天

老字号品牌双元性研究

徐　伟/著

经济科学出版社出版、发行　新华书店经销
社址：北京市海淀区阜成路甲 28 号　邮编：100142
编辑部电话：010 - 88191441　发行部电话：010 - 88191522
网址：www. esp. com. cn
电子邮箱：esp_bj@163. com
天猫网店：经济科学出版社旗舰店
网址：http：//jjkxcbs. tmall. com
固安华明印业有限公司印装
710×1000　16 开　11 印张　190000 字
2023 年 7 月第 1 版　2023 年 7 月第 1 次印刷
ISBN 978 - 7 - 5218 - 4600 - 3　定价：59.00 元
（图书出现印装问题，本社负责调换。电话：010 - 88191545）
（版权所有　侵权必究　打击盗版　举报热线：010 - 88191661
QQ：2242791300　营销中心电话：010 - 88191537
电子邮箱：dbts@esp. com. cn）

前　　言

由于企业战略和消费者认知等方面的原因，老字号老化问题尤为突出。为促进和保护老字号的健康稳定发展，商务部先后实施"振兴老字号工程"并联合印发《关于促进老字号改革创新发展的指导意见》，学者也试图从长期品牌管理的视角探讨和解决老字号的品牌传承与创新问题。老字号品牌传承与创新的悖论是典型的中国本土管理问题，不传承将失去老字号，不创新又会陷入老化，老字号在保留老元素和注入新元素之间出现了矛盾，既要建立清晰的品牌内涵，又要通过创新适应市场变化，关键是创新不能通过稀释品牌身份来实现，老字号的传承与创新就成了悖论问题。本书基于中国传统哲学阴阳互动论，利用定性研究比较法构建和阐释老字号品牌双元性内涵与实现路径，旨在揭示和解决老字号品牌传承与创新的悖论问题。

基于此，本书聚焦以下问题：（1）老字号品牌传承什么？"守旧"型老字号企业如何传承？即品牌传承路径是什么？（2）老字号品牌创新什么？"转化"型老字号企业如何创新？即品牌创新路径是什么？（3）追求品牌传承与创新均衡的"双元"型老字号传承与创新什么？即老字号品牌双元性是什么？（4）老字号品牌双元性是如何实现的？即老字号品牌双元性的组合和实现路径是什么？（5）老字号企业的品牌发展模式有哪些？

为此，本书基于阴阳互动论，利用定性研究比较法构建老字号品牌双元性，并针对性地提出品牌发展模式。具体包括：第一，系统梳理和剖析品牌传承与创新的相关文献，归纳和界定老字号品牌传承与创新的要素形式，并引入中国传统哲学阴阳互动论，基于阴阳思维，初步界定老字号品牌传承与创新的双元性内涵，为本书提供扎实的理论基础；第二，梳理品牌传承与品牌绩效的关系，界定老字号品牌传承实现路径的理论框架，利用定性研究比较法从消费者和企业视角构建老字号品牌传承路径；第三，梳理品牌创新与品牌绩效的关系，界定老字号品牌创新实现路径的理论框架，利用定性研究比较法从消费者和企业视角构建老字号品牌创新路径；第四，基于安徽省"中华老字号"利用定性研究比较法构建老字号品牌双元性实现路径，基于阴阳思维分析品牌传承与创新的阴阳特征，完善和界定老字号品牌双元性内涵，并归纳和阐释老字号品牌双元性实现路径，从而揭示品牌传承与创新悖论的解决机制；第五，针对"守旧"型、"转化"型和"双元"型老字号企业，针对性地提出品牌传承发展模式、品牌创新发展模式和品牌双元性发展模式，为不同类型老字号企业的长期稳定发展提供管理启示。

本书由此得出部分有价值的结论和观点，包括：第一，老字号品牌传承路径是长寿、独特、可信、诚挚和民族性多种传承要素并存、互动的非线性作用过程，包括以民族性和独特性分别为主线的两条殊途同归的路径形式；第二，老字号品牌创新路径是产品创新、技术创新、开发式市场创新、探索式市场创新、开拓性商业模式创新和完善性商业模式创新复杂、动态的并存与交互过程，包括以市场创新和产品创新分别为主线的两种路径形式；第三，老字号品牌双元性是能够提升品牌绩效的品牌传承与创新活动的情境性共存与组合，在不同的情境中品牌传承要素和创新要素相生、并存和消长；第四，老字号品牌双元性实现路径包含情境路径和通用路径两种形式的九条路径，从静态角度看，不同的路径"殊途同归"均引致老字号高品牌绩效的实现，从动态角度看，老字号路径的实现是动态性和阶段性的；第五，以传承为使命的"守旧"型老字号企业可采取文脉型和真实型两种品牌传承发展模式，以创新为战略的"转化"型老字号企业可采取积极进取的市场开发、谨慎发展的产品创新和保守稳健的商业模式创新三种品牌创新发展模式，兼顾品牌传承与创新的"双元"型老字号企业可采取突破型发展、破坏型发展和稳健型发展三种品牌发展模式；第六，品牌传承与创新在长期品牌管理中具有阴阳属性特征，"阴阳鱼眼"的激活机制能够揭示品牌传承与创新的权重关系，且老字号品牌传承与创新的阴阳均衡是情境性和阶段性的。因此，中国传统哲学阴阳互动论能够科学性和艺术性地揭示和解决老字号品牌传承与创新悖论的本土研究问题。

　　本书的研究内容和结论揭示了老字号品牌传承与创新的双元性实现路径，探究和解决了老字号品牌传承与创新的悖论问题，这丰富和拓展了老字号长期品牌管理的理论研究，也为老字号企业的健康稳定发展提供实践价值。另外，本书引入中国传统哲学阴阳互动论探讨老字号品牌传承与创新悖论的本土研究问题，加强了本土哲学与西方哲学理论和方法论的对话，拓展了老字号长期品牌管理研究的理论范畴。

目　　录

第一章

绪　　论

　　老字号功在传承、胜在创新，传承与创新的悖论解决一直是老字号长期品牌管理研究的焦点，基于中国传统哲学的老字号品牌传承与创新研究也正成为品牌管理研究的热点。本书采用定性比较分析法（QCA）来构建老字号品牌传承与创新双元性构型组合，基于阴阳互动思维构建老字号品牌双元性概念并阐释双元性实现路径，不仅在理论和方法上丰富了长期品牌管理研究，而且为老字号的传承与创新实践提供指导建议。作为本项研究的一个缩影，本章首先介绍了本书研究的现实背景，进而引出需要解决的理论研究和实践管理问题；其次，梳理研究的主要内容，介绍相应的研究方法；最后，阐述本书的研究意义和主要创新。

第一节　研究背景与问题

一、研究背景

　　老字号品牌，顾名思义指的是历史悠久的商号、店号，国外文献多称之为老品牌（old brand）。在长期的生产经营实践中，老字号通过凝聚数代经营智慧、吸收民族传统文化精髓，与当地风土人情交融，创造和传承了丰富的文化遗产，在曲折发展史中演绎出许多故事，蕴含着一个城市的历史和文化，承载着中华民族优秀的工匠精神，展示着中国元素和文化自信。但由于企业战略和消费者认知等方面的原因，老字号老化问题尤为突出。为促进和保护老字号的健康稳定发展，我国商务部于 2006 年实施了"振兴老字号工程"，先后两批次共认定 1128 家"中华老字号"，涉及医药、酿酒、餐饮、百货零售及工艺品等行业。2017 年，我国商务部等 16 部门又联合印发《关于促进老字号改革创新发展的指导意见》，引导老字号弘扬民族优秀文化，加快改革创新发展，拓展品牌价值，进一步鼓励传承与创新的深层次融合。2019 年，《政府工作报告》又明确提出，应坚持创新引领发展，大力培育专业精神，促进新旧动能接续转换，推动传统产业改造提升。老字号功在传承，胜在创新，传承与创新老字号对于文化自信提升、传统企业转型升级、新国货品牌崛起和满足人民日益增长的美好生活需要具有重要的作用。老字号既要薪火相传，坚持固有的、本质的原真要素，又要独具匠心，做好时尚的、新鲜的创新要素，这样才能成为永葆生机的品牌常青树。

与此同时，学术界也一直从长期品牌管理的视角关注和研究老字号的品牌传承与创新问题（Kapferer，1992；Keller，1999；卢泰宏和高辉，2007；何佳讯，2016；许晖等，2018），其学术研究可以追溯至 20 世纪 90 年代初。老字号长期品牌管理旨在通过传承与创新实现品牌的强化和活化，前者通过传承向消费者持续传递一致的品牌知识，维系品牌的不变性，后者通过创新改变品牌知识，以提升品牌资产（Keller，1999；何佳讯，2016）。品牌传承（或创新）的研究主要集中在传承（或创新）要素的挖掘及其影响机理上，认为传承（或创新）是多种要素并存的状态，且影响老字号绩效的提升（Mizik and Jacobson，2008）。但是，一方面，品牌传承（或创新）在实践中的任何一种要素或方式都无法取代彼此，老字号的品牌传承（或创新）是多种传承（或创新）要素并存与相互作用的复杂过程。因此，理论上亟待构建和揭示老字号传承（或创新）的实现路径问题。另一方面，如布朗等（Brown et al.，2003）和何佳讯等（2007）所言，老字号在保留老元素和注入新元素之间出现了矛盾，既要建立清晰的品牌内涵，又要通过创新适应市场变化，关键是创新不能通过稀释品牌身份来实现，老字号的品牌传承与创新就成了悖论问题。

贝维兰德等（Beverland et al.，2015）引入组织的双元性概念试图从理论上解决这一问题。双元性原意是"双手同样灵活有效"，被引入组织管理中研究相互冲突的两种活动的组合和共存（Raisch et al.，2009）。贝维兰德等（Beverland et al.，2015）认为，通过品牌一致性和关联性的相互整合、彼此协同和战略平衡实现品牌价值。但遗憾的是，首先，他们的研究浅尝辄止，提出的概念虽遵循双元两性的相克观点，却忽略了双元两性存在相生的观点。而不同于一般品牌，老字号的传承与创新"相生相克"，它们相互对立，又彼此依存，很显然，贝维兰德等（Beverland et al.，2015）的品牌双元性概念无法完整和准确地解释和解决老字号品牌传承与创新并存、对立和相互作用的问题。其次，老字号品牌传承与创新的悖论问题是典型的中国本土管理问题，脱离中国传统哲学的本土研究将成为空中楼阁或"夹生饭"（李平，2013）。因此，基于中国传统哲学阴阳互动思维构建老字号品牌双元性概念和相生相克的传承与创新双元性组合，揭示老字号品牌双元性实现路径，这在学术研究上势在必行。

另外，学术界和业界关于老字号品牌传承与创新的思考缺少方法论的支撑。现有研究多利用扎根理论、结构方程模型、实验法、聚类分析等探讨传承与创新的影响（许晖等，2018；刘海兵等，2019；徐伟等，2015），但这些方法只能挖掘和处理传承（或创新）的独立和对称作用，无法处理传承（或创新）多重条件的并发作用以及非对称因果影响，因此，未能揭示老字号的传承（或创新）路径。基于韦伯式分析逻辑和布尔运算法则的定性比较分析（QCA），能够有效处理传承（或创新）多重方式的并存、交互和非线性影响。因此，引入定性比较分析法（QCA）构建老字号传承（或创新）构型组合，并深层次构建包含传承与创新的老字号品牌双元性构型组合，尝试从研究方法上解决传承与创新的路径构建及其悖论问题。

二、研究问题

可见，在老字号品牌传承与创新的困境中，学者需要思考和探究老字号如何传承、如何创新、如何做好品牌传承与创新的平衡等问题。本书关注老字号品牌双元性问题，旨在通过构建品牌传承与创新悖论下老字号品牌传承与创新组合以及发展路径，解决所提问题，具体研究问题包括以下几个方面。

（一）老字号品牌传承要素与路径问题

不传承，老字号将失去"老"，以至于不再被称为老字号。老字号传承什么？影响品牌绩效的品牌传承路径是什么？这是挖掘老字号传承要素，以及构建老字号传承路径的问题。

（二）老字号品牌创新要素与路径问题

不创新，老字号将失去市场的青睐，从而陷入老化困境。老字号创新什么？影响品牌绩效的品牌创新是什么？这是挖掘老字号创新要素，以及构建老字号创新路径的问题。

（三）老字号品牌双元性的内涵问题

老字号在品牌传承与品牌创新的互动中创造价值，传承与创新构成了品牌双元性的"阴阳"两极。老字号品牌双元性是什么？具备的阴阳特征是什么？这是探讨老字号品牌双元性的内涵问题。

（四）老字号品牌双元性的影响问题

品牌双元性如何影响老字号的品牌绩效？影响老字号品牌绩效优劣的品牌传承和品牌创新条件组合有哪些？其因果路径是什么？这些是揭示双元性影响机理的路径问题。

（五）老字号品牌传承和品牌创新的均衡问题

品牌传承和品牌创新在"阴阳"并存、依赖和相互转化中影响老字号的品牌绩效，老字号传承与创新均衡组合是什么？品牌双元性的最优路径是什么？这是探讨老字号品牌双元性实现路径及其评价问题。

（六）老字号品牌双元性的发展模式问题

老字号"重在传承，胜在创新"，但不同情境下的老字号企业如何传承？如何创新？在品牌传承与创新的悖论困境下如何做好传承与创新的协同？这是老字号品牌双元性的应用问题。

第二节　研究内容与方法

一、研究内容

本书研究老字号品牌双元性实现路径，涵盖品牌传承与创新要素挖掘与路径实现、老字号品牌双元性内涵界定、老字号品牌双元性实现路径及其发展模式等内容，进行了如下方面的研究。

（一）引入和梳理阴阳互动论，研究老字号品牌双元性问题

广泛收集并系统梳理长期品牌管理的国内外文献和有关老字号的政策文件，厘清和界定老字号品牌传承和品牌创新的内涵，并归纳老字号品牌传承与品牌创新的形式；基于文献和老字号实践，阐释老字号品牌传承与创新悖论问题的产生，进而引出解决品牌传承与创新悖论的品牌双元性研究；系统梳理品牌双元性的内涵，剖析品牌双元性在解决老字号品牌传承与创新悖论问题中的局限；引入中国传统哲学阴阳互动论，梳理阴阳思维的思想及其在管理尤其品牌管理中的应用，基于阴阳思维初步界定老字号品牌传承与创新的双元性内涵，为本书研究提供坚实的理论基础。

（二）老字号品牌传承及其路径实现

梳理老字号品牌传承文献，从长寿、独特、可信、诚挚、民族等品牌要素梳理与品牌绩效的关系，界定老字号品牌传承实现路径的理论框架；从企业和消费者两个层面收集数据，利用模糊集定性比较分析法（fsQCA）分别构建基于消费者层面和企业层面的老字号品牌传承路径构型，揭示和阐释"殊途同归"的老字号品牌传承路径。研究发现，高品牌绩效的实现主要体现为分别以民族性和独特性为主线的两种"殊途同归"的传承路径构型，诚挚性在其中均起关键作用；长寿性在品牌绩效提升中的作用不可忽视，它的缺失会导致低品牌绩效。

（三）老字号品牌创新及其路径实现

梳理老字号品牌创新文献，从产品创新、技术创新、开发式市场创新、探索式市场创新、开拓性商业模式创新和完善性商业模式创新梳理与品牌绩效的关系，界定老字号品牌创新实现路径的理论框架；从消费者和企业两个层面搜集数据，利用模糊集定性比较分析法（fsQCA）探讨品牌权益实现的老字号品牌创新构型，分析品牌创新方式的共同作用和相互作用对品牌权益的影响机制。研究发现，高品牌权益的实现主要体现为以市场创新和产品创新分别为核心的两条"殊途同归"的创新路径，而完善性商业模式创新在老字号品牌权益提升中起"保健"作用。

（四）老字号品牌双元性及其路径实现

引入阴阳互动论，阐释解决老字号品牌传承与创新悖论阴阳哲学理论；在文献的基础上论证引致高品牌绩效实现的寿命、独特、可信和诚挚等老字号品牌传承要素，以及产品创新、技术创新、市场创新和商业模式创新等老字号品牌创新要素，构建老字号品牌传承与创新实现路径的理论框架；以安徽省25家"中华老字号"为研究品牌，利用模糊集定性比较分析法（fsQCA）从消费者层面构建老字号品牌传承与创新的六条构型，从企业层面构建老字号品牌传承与创新的三条构型；基于阴阳互动论，阐释老字号品牌传承与创新的阴阳特征，完善和界定包含品牌传承与创新的老字号品牌双元性的概念；归纳和阐释老字号品牌双元性实现的九条路径，归纳出老字号品牌双元性实现的情境路径和通用路径，从而揭示老字号品牌传承与创新悖论的解决机制；利用多元线性回归，计算不同路径中品牌传承与创新的权重，构建品牌传承与创新要素的"阴阳鱼眼"激活机制，进一步判断老字号品牌双元性路径中品牌传承与创新的主次地位。

（五）老字号品牌发展模式

在老字号品牌传承路径、品牌创新路径和品牌双元性路径的基础上，分别提出老字号品牌发展模式，包括：提出"守旧"型老字号的品牌传承可以采取以民族性为主线、强调诚挚性的文脉型发展形式，或可以采取以独特性为主线、强调诚挚性的真实型发展形式，并指出品牌传承发展模式在老字号发展中的局限；提出"转化"型老字号的品牌创新可以采取积极进取的市场开发、谨慎发展的产品创新和保守稳健的商业模式创新三种品牌发展模式，并指出品牌创新发展模式在老字号发展中的局限；进而提出和建议立足于品牌传承与创新平衡发展的"双元"型老字号企业，可以采用"殊途同归"的三种品牌双元性发展模式，即突破型发展模式、破坏型发展模式和稳健型发展模式。

二、研究方法

（一）理论演绎法

中国本土的管理问题必须扎根于中国传统哲学，本书引入阴阳互动论探讨和界定中国文化背景下的老字号传承与创新问题，基于阴阳互动论阐释老字号品牌传承与创新的阴阳属性，界定老字号品牌双元性内涵，从阴阳思维中的"阴阳鱼眼"探究老字号品牌双元性"殊途同归"的不同组合，并阐释品牌双元性的最优路径，从而科学和艺术地揭示老字号品牌传承与创新双元性的发展问题。

（二）模糊集定性比较分析法（fsQCA）

定性比较分析法（QCA）是一种基于韦伯式分析逻辑的理论集合研究方法，它以布尔运算法则分析可能的前因条件构型，关注的是要素的"并发因果关系"。之所以采用这种方法在于：第一，它能够处理传承与创新多重条件的并发；第二，能够处理传承、创新与品牌绩效的非对称因果关系；第三，定性比较分析（QCA）以布尔函数运算为基础，适合老字号小样本研究。另外，老字号传承、创新以及品牌绩效并非"非 1 即 0"的程度水平，因此，本书采用模糊集定性比较分析法（fsQCA）将各变量数据转化为模糊隶属分数，构建影响老字号品牌绩效的最优双元性组合。

（三）统计性分析法

以定量的统计学分析法补充模糊集定性比较分析法以及老字号品牌双元

性激活机制的研究，具体包括：利用统计描述法统计调研品牌和调研对象的分布状况，表明调研样本的典型性和代表性；利用探索性和验证性因子分析，检验研究设计中各变量的信度和效度；利用多元线性回归计算品牌双元性不同路径中品牌传承与创新要素的权重，测定品牌双元性的不同路径中"阴阳鱼眼"的激活过程，进而确定品牌双元性中老字号品牌传承与创新的主次和平衡。

（四）文献研究法

搜集、鉴别、整理品牌传承、品牌创新、品牌双元性和阴阳思维的相关文献，通过对文献的综述提出本书的研究目标、确定本书的研究框架以及阐释本书提出的老字号品牌双元性内涵和路径组合。通过文献研究，将本书的内容设计成具体的、可操作、可重复的系统性和规范性理论研究。

第三节 研究意义与创新

一、研究意义

传承与创新悖论的解决一直是老字号长期品牌管理研究的焦点，基于中国传统哲学的老字号品牌传承与创新研究也正成为品牌管理研究的热点。本书基于阴阳互动理论，利用定性比较分析法构建老字号品牌双元性实现路径，阐释品牌双元性内涵并提出品牌双元性发展模式，这些研究问题和内容对于揭示老字号品牌传承与创新的路径机制，探究和解决老字号品牌传承与创新的悖论问题以及老字号企业的长期健康发展具有重要的理论意义和实践价值。

（一）理论意义

1. 分别构建老字号传承路径和老字号创新路径，深化老字号品牌传承与创新的理论研究

现有研究集中关注传承（或创新）的要素及其实施，但如何传承（或创新）？传承（或创新）要素如何协同组合以发挥最优效用？受到研究方法上的制约，现有研究并未关注这些问题。本项研究利用定性比较分析法构建老字号品牌传承（或创新）的路径组合，揭示了老字号传承（或创新）各要素多方并存、对立、交互的影响路径，研究内容与结论拓展和细化了品牌传承（或创新）的理论研究。

2. 界定老字号品牌双元性内涵，拓展老字号品牌传承与创新悖论研究的思路

品牌悖论解决的相关文献主要集中在策略上"变与不变"要素的选择以及品牌真实性领域，贝维兰德等（Beverland et al.，2015）提出的品牌双元性概念又浅尝辄止，并未系统揭示一致性与关联性的作用机理。本项研究基于阴阳互动论，将老字号品牌双元性的概念界定为提升品牌绩效的品牌传承与创新活动的情境性共存与组合，并阐释品牌双元性的内涵，从品牌传承与品牌创新并存、对立和交互的关系揭示了老字号品牌传承与创新悖论的要素关系，为老字号长期品牌管理的悖论研究提供新的视角和理论基础。

3. 构建老字号品牌双元性实现路径，揭示老字号品牌传承与创新的路径机理

品牌传承与创新的现有研究或割裂两者之间的关系，或通过以线性因果关系为基础的研究方法探讨传承（或创新）与品牌绩效间的因果关联，因此，并未构建系统的品牌传承与创新形成路径（何佳讯等，2016；许晖等，2018；徐伟等，2020）。本书利用定性比较分析法构建品牌传承与创新的双元路径，基于阴阳思维比较和阐释了老字号品牌传承与创新"殊途同归"的情境化双元路径，利用多元回归揭示了双元路径中品牌传承与创新"阴阳鱼眼"的激活机制，这在理论和方法上拓展了老字号长期品牌管理的研究，品牌传承与创新平衡发展的双元路径机制也细化和丰富了老字号品牌传承与创新悖论的问题研究。

4. 引入阴阳思维界定品牌传承与创新的阴阳属性，构建基于中国传统哲学的品牌双元性理论

国内外有关悖论的管理实证研究多基于西方哲学基础，深受亚里士多德形式逻辑和黑格尔辩证逻辑的影响，传承与创新的关系体现为"非此即彼"或"既此亦彼"，忽略了传承与创新在一定的条件下可以并应该相互过渡和相互转化的关系（李平，2013）。老字号品牌传承与创新的研究缺乏本土理论的构建，缺乏与本土哲学的衔接，以及缺乏与西方哲学理论和方法论的对话，造成老字号品牌传承与创新的理论体系化程度不高。本书基于阴阳思维构建的老字号品牌双元性内涵和路径，体现了传承与创新并存、对立、交互和相互转化的阴阳特征，"阴阳鱼眼"的激活机制揭示了品牌传承与创新的权重和转化关系，这些拓展了老字号长期品牌管理研究的理论范畴。

（二）实践价值

受特定历史、文化变迁以及经营条件的影响，老字号老化问题尤为突出，多年来持续引起政府和业界的高度关注。商务部于 2006 年开始牵头实施"中华老字号"振兴工程，诸多省市也陆续出台相关政策文件，这充分体现了政府振兴老字号的决心。但遗憾的是，老字号的认定和扶持标准略显失衡，体现为重传承而轻创新。另外，老字号企业在传承与创新的道路上砥砺前行。至今 60 家老字号企业先后成功上市，贵州茅台更是名列《2020 年 BrandZ 最具价值全球品牌 100 强》第 18 位。但是，中国社科院发布的《老字号绿皮书："老字号"企业案例及发展报告（2018 – 2019）》显示，大部分老字号企业的发展仍举步维艰，部分老字号企业或因为守旧，忽略了创新而陷入老化，或因为激进，忽略了传承而伤害品牌形象，传承与创新仍是老字号重点关注和亟待解决的问题之一。可以看出，政府和业界虽然普遍认同老字号的发展应"重在传承，胜在创新"，但哪些传承与创新有助于老字号的振兴？如何协同老字号的传承与创新？这些问题仍困扰着政府和业界。因此，本书的双元性研究势在必行，研究结论将为老字号的传承与创新发展提供指导建议。

第一，老字号应"重在传承，胜在创新"。品牌传承与创新的关系并非相互对立、互为矛盾的，而是具有对立统一的阴阳特征。老字号的长期品牌管理既要充分挖掘和坚守品牌的传承要素，提炼品牌核心价值，又要关注市场需求和业界环境的变化，强化创新意识，即全面推进在产品、技艺、经营管理、商业模式和资本市场方面的创新。

第二，基于自身传承与创新的不同情境，老字号企业应选择不同的品牌成长路径。老字号在成长中的品牌发展模式"殊途同归"，企业应明确自身传承与创新的实施情况，在不同的使命和战略情境下针对性地选择突破型发展模式、破坏型发展模式和稳健型发展模式。

第三，品牌传承与创新的悖论是永恒的，解决悖论的老字号双元性路径是动态的。老字号的品牌发展模式并非是一成不变的，传承与创新的实践改变了老字号的成长情境。老字号企业不应墨守成规，建议应根据品牌传承与创新的实施情况动态性地调整和选择最优的成长路径。

二、研究创新

相比于以往研究，本书有以下创新。

（一）基于中国传统哲学研究本土老字号问题

中国本土的管理问题必须扎根于中国传统哲学（李平，2013；颜世富，2012），脱离中国传统哲学的本土管理研究将成为空中楼阁或"夹生饭"（李平，2013）。国内外有关悖论的管理实证研究多基于西方哲学基础，而老字号品牌传承与创新是典型的本土研究问题，基于整体的、动态的以及二元的阴阳思维作为老字号研究的认识论和方法论是十分必要的。因此，本书基于中国传统哲学阴阳互动论构建老字号品牌双元性概念和路径，这是老字号长期品牌管理研究视角的创新，也是本土研究问题与本土哲学衔接的体现。

（二）引入定性研究比较法研究老字号品牌双元性路径组合问题

传承与创新的已有实证研究多采用线性因果关系为基础的研究方法，如扎根理论、案例研究等质性研究方法，以及结构方程模型等量化研究方法，这些传统的定性研究和定量研究无法解决传承要素的多重并发问题，无法揭示传承各因素多方交互对品牌绩效的影响。传承与创新的关系彼此协同、互为一体，定性研究比较法解决了它们与营销绩效多重并发和非线性的因果关系，这在方法上解决了老字号品牌传承与创新的悖论问题。

（三）首次提出和构建老字号品牌双元性概念和实现路径，这应是老字号品牌传承与创新理论研究中的思路创新

品牌传承与创新悖论一直是学者和业界关注的焦点，但尚未有学者从双元性视角探讨品牌传承与创新的路径实现问题。本书基于阴阳思维构建老字号品牌双元性概念，并探究和比较品牌传承与创新的路径组合，首次从理论和方法上揭示了品牌传承与创新并存、对立和互动的实现路径，这应是老字号品牌传承与创新理论研究领域的创新。

（四）多种研究方法交叉使用，解决老字号长期品牌管理中传承与创新的地位主次问题

老字号"功在传承，胜在创新"，品牌传承与品牌创新缺一不可。但老字号在不同的成长情境中品牌传承与创新的重要性不可等同，即在不同的情境中判断以传承为主创新为辅，还是以创新为主传承为辅，这是基于本土哲学理论研究本土研究问题的难点和痛点（李平，2013）。本书科学性和艺术性地使用多种研究方法解决了这一难题，即利用定性研究比较法构建老字号品牌双元性构型组合，基于阴阳思维的"阴阳鱼眼"构建和阐释品牌传承与创新的互动机制，并通过多元线性回归计算和比较品牌传承与品牌创新的权重，进而判断品牌双元性不同路径中"阴阳鱼眼"的激活过程，并最终确定在品牌双元性中老字号品牌传承与创新的主次和平衡。

| 第二章 |

相关概念界定与理论基础

第一节　老字号品牌传承与创新

由于企业战略、市场环境和消费者认知等方面的原因，诸多老字号趋于老化（Lehu，2004），学者开始关注长期品牌管理（Keller，1999；Kapferer，1992；何佳讯，2016；许晖等，2018），其学术研究可以追溯至 20 世纪 90 年代初。在短暂的学术史中，学者的研究关注于品牌传承与品牌创新。本书通过对品牌传承与品牌创新理论文献的细致梳理和深入解读，总结和提炼老字号品牌传承与品牌创新的要素，为老字号传承和（或）创新要素与路径实现问题的论证与解决提供翔实的理论基础；通过梳理和剖析品牌传承与创新的悖论，为老字号品牌双元性的概念界定提供理论支持。

一、老字号品牌传承

（一）品牌传承

传承，《辞海》解释为"传接继承"，意指知识、技艺等的传授和继承并发扬发展的过程。品牌传承（brand heritage）是保持品牌遗产和维系品牌真实性，通过向消费者传递一致的品牌形象维系品牌的不变性（Keller，1993）。品牌遗产是世代传承的某种事物（Nuryanti，1996），厄德等（Urde et al.，2007）提出品牌遗产的五要素模型，包括核心价值、长寿、业绩记录、象征符号以及那些有助于识别品牌身份的历史价值。其中，核心价值（core values）是品牌传承的灵魂要素，它是品牌的 DNA 并影响企业的长期战略；长寿（longevity）是指老字号品牌历史悠久，且能经得起时间的检验，有助于向消费者传递企业值得信赖的品牌形象，是公司优秀业绩的信号（Desai et al.，2008）；业绩记录（track record）是品牌传承的内在精髓，它表明企业一直以来践行和持续传递了它的价值观和承诺，这是竞争对手无法复制的，有助于提升品牌的市场信任；象征符号（symbols）是老字号企业独特的品牌商标或设计，这是品牌最为直观但却能够引起消费者积极联想的品牌要素；历史价值（history important to identity）代表着品牌与当地丰富的地域文化息息相关，它表明品牌存在的身份。因此，品牌传承是品牌识别的一个维度，存在于品牌核心价值、长寿、业绩记录、象征符号以及历史价值中（Urde et al.，2007），而且传承不仅包含过去，也包含现在和未来（Wiedmann et al.，2011；Wuestefeld et al.，2012）。维德曼等（Wiedmann et al.，2011）强调通过挖掘和维系品牌遗产实现品牌活化，包括产品特征、品牌故事、代言人、原产地、设计理念、经营理念、品牌名称等品牌要素的传承。对消费者而言，在动态变化的市场环境和高风险的购买决策情境下，品牌遗产的传承增加了品牌的真实性和可信性，能为消费者带来安全感和依恋感，帮助品牌与消费者形成长期的品牌关系（Wuestefeld et al.，2012；Urde et al.，2007；Merchant and Rose，2013）。对企业而言，品牌在传承中维系其独特性和差异性（Urde et al.，2007），持续的品牌积累和市场表现易于传递品牌的信心和稳定性（Hakala et al.，2011），有助于创造积极的品牌联想和塑造鲜明的品牌形象，进而为企业带来高的业绩回报（Balmer，2013）。

品牌真实性是消费者对诸如真诚、工艺、质量、设计、文化象征等品牌纯正性的主观评价（Napoli et al.，2014），体现为品牌的可信、真挚、象征和独创（Beverland，2006；Napoli et al.，2014；徐伟等，2016）。可信（reliability）意指具备赢得顾客信任的品牌客观特征，体现为品牌质量可靠、承诺可信、理念清晰等；一致性（integrity）是指品牌能够体现信念、承诺和价值的行为，如信守承诺、遵守价值、言行一致、淡化商业动机等；独特（uniqueness）是指品牌具备区别于其他品牌的特征，如品牌要素的传承、品牌自然、无虚假、长寿等；象征（symbolism）是指具备激发消费者自我真实的品牌特征，如能够唤醒怀旧、以顾客为中心的导向、激发自信、展示自我等（徐伟等，2016）。真实性的高低取决于品牌要素的形象，反映其品牌身份的程度即纯正性水平，企业通过纯正性的品牌要素维系一致性的品牌知识进而实现品牌的传承（Högström et al.，2015）。因此，许晖等（2018）建议，企业可以通过品牌真实内核的传承，利用独特的情感联结，唤起消费者的情感共鸣并获得品牌认同。同时，学者的研究表明，真实性对消费者态度和品牌有积极的影响作用，品牌的真实性程度越高，消费者对品牌的认同、信任和依恋就越强，进而促进消费者的购买意向和口碑传播（Rose and Wood，2005；Beverland and Farrelly，2010；Newman and Dhar，2014；Morhart et al.，2015）。

（二）老字号品牌传承及其要素

老字号拥有悠久的历史、独特的产品和技艺以及良好的社会声誉等品牌遗产，它们是真实性的蓄水池（徐伟等，2015），老字号传承就是传接继承老字号品牌遗产或品牌真实性要素的过程。在学术研究中，学者引入品牌遗产概念研究老字号的品牌传承。如巴尔莫（Balmer，2015）以中华老字号——同仁堂为例，运用案例分析法确定了企业品牌遗产的四个特征维度，包括长寿性、一致性、代际间的消费者忠诚度以及多重角色性，即认为品牌遗产要包含品牌的历史、现在和将来的发展趋势；保持高质量的承诺以产生消费者忠诚；老字号品牌还要具有多种特色标识，如地方特色、文化特色和传统特色。吴炯和黄紫嫣（2020）关注家族企业老品牌的传承路径问题，基于厄德等（Urde et al.，2007）品牌遗产要素提炼和归纳了老字号品牌传承的三大维度，即品牌形象、品牌价值和品牌维护。其中，品牌形象是老字号品牌的外在表现，包括老字号诸多符号以及老字号在消费者心目中的个性特征；品牌价值包括老字号的原则和标准，是老字号坚守的价值准则；品牌维护是确保老字号能够长久传承的管理方式，包括业绩记录和长久性。徐伟等（2015）基于真实性理论构建了老字号真实性的概念、维度及其特征，认为老字号真实性是"消费者对老字号客体或自我主体展示老字号原物程度的感知"，包含客观真实性、建构真实性和自我真实性三种形式。对于老字号企业而言，应一丝不苟地传承客观真实性要素，如原料、配方、商号牌匾、原产地等，有选择性地传承构建真实性要素，如传承工艺、坚守质量、价格公道、淡化商业色彩等。许晖等（2018）进一步认为，技术创新能力和市场匹配能力弱的老字号企业应采取强化品牌精髓、强调品牌正宗性以及突出原产地和产品原创性的防御型品牌活化模式，或采用承诺产品质量、挖掘品牌特质、突出品牌历史以及强调原产地的创业型品牌活化模式。在变与不变要素的选择中，老字号的品牌概念、名称、商标标识、品质及其品牌叙事是不宜变化和需要传承的（何佳讯等，2007），企业应以怀旧和不变唤醒老字号。学者普遍指出，怀旧是常用的传承策略（Holbrook and Schindler，1996；Rose et al.，2015），它强化并有效传递品牌某些固有特征，能够有效激发消费者的共鸣。

商务部印发的《中华老字号认定管理办法》将中华老字号界定为"历史悠久，拥有世代传承的产品、技艺或服务，具有鲜明的中华民族传统文化背景和深厚的文化底蕴，取得社会广泛认同，形成良好信誉的品牌"，其概念充分体现并尊重了传承在老字号认定振兴中的中心地位。结合老字号品牌传承方面的文献，本书将老字号的传承要素划分和界定为长寿、独特、可信、诚挚和民族性五个方面。

1. 长寿

长寿（longevity）意指老字号历史悠久，是老字号无可替代的品牌资产和核心价值（Urde，2007）。商务部认定的"中华老字号"的品牌寿命需超过 50 年，1128 家中华老字号平均寿命为 145 岁，而"海南老字号"在地方老字号认定的存续期最短也为 20 年，这些品牌存在于过去、现在，并持续在未来发展，是老字号有别于新兴品牌的关键特征。经历岁月的洗礼和时间的积累，老字号历尽磨砺且长盛不衰，传递出生命力强、产品质量好、技术成熟、有经验、得到市场认可等积极的品牌线索（Aaker，2001；王静一，2011），这是诸多新兴品牌无法比肩的。

2. 独特

独特（uniqueness）是指老字号品牌与众不同，能够与其他品牌清晰地区别开来（徐伟等，2016）。品牌独特性是消费者在品牌认知或选择时关于目标品牌与其他品牌比较形成的特有品牌知识（蒋廉雄，2013），老字号的独特表现为区别于其他品牌的特征，不仅体现在招牌、对联、产品、技艺、产地、品牌故事等品牌要素上和经营理念、价值观、品牌承诺等品牌文化上，体现在消费者体验、与消费者的品牌关系等方面，还通过店铺布局、产品特色等文化氛围体现出来（Napoli et al.，2014；Morhart et al.，2015；徐伟等，2015）。由于始于且成长于不同的历史时期，老字号有着特定的文化背景和产品资源，因此，具有鲜明的独特特征。

3. 可信

可信（reliability）意指老字号品牌是值得信赖的，体现在可靠的质量、可信的承诺、持续的经营理念和信条等能够令品牌值得被信赖的要素上（Napoli et al.，2014；Shcallehn et al.，2014；徐伟等，2016）。可信是老字号向消费者所"说"的，纳波利等（Napoli et al.，2014）将其理解为质量承诺，即品牌在质量上向消费者做出的承诺和保证，如承诺最好的材料、采用最苛刻的标准等。例如，"同仁堂"承诺的"炮制虽繁必不敢省人工，品质虽贵必不敢减物力"的古训；"余天成"奉行的"道地药材、修制务精、货真价实、童叟无欺、名医坐堂、治病救人"的理念；"张一元"坚守的"诚信为本"祖训，诸如此类的承诺、价值理念和信条等充分展示出老字号品牌的能力、道德和责任，有助于提升消费者的品牌信任感（Morhart et al.，2015；Schallehn et al.，2014）。

4. 诚挚

诚挚（sincerity）是指老字号能够全时性地履行品牌可信性要素的行为和能力，即品牌信守其原则和价值（Napoli et al.，2014）。不同于可信强调老字号"所说的"，诚挚强调的是"所做的"，体现为老字号"言行一致"以及存在于过去、现在和未来的全时性（徐伟等，2016；Balmer，2013）。老字号能够在每一个品牌接触点上始终履行和实现其品牌本质，如保持其原初设计风格、外观、品质等外在一致性，坚持童叟无欺的交易行为，维系原汁原味的产品或服务，对工匠精神的坚守和追求，以及淡化商业动机等。诚挚是品牌真实性的重要驱动因素（Napoli et al.，2014），能够显著地提升消费者的品牌信任及其购买意向（Bruhn et al.，2012；Schallehn et al.，2014）。

5. 民族性

民族性（nationality）是指老字号品牌拥有民族的文化观、价值观、民风民俗等多种印记，是"具有鲜明的中华民族传统文化背景和深厚的文化底蕴"。"只有是民族的，才是世界的"，民族文化是品牌文化发展的土壤（张牧，2016），只有依托于民族文化，老字号才能形成自身独特的文化标识和品牌特色。而老字号之所以能够经得起岁月的磨砺，归根于它们凝结了民族精神和浓厚的民族文化（安贺新和李喆，2013）。商务部认定的"中华老字号"平均寿命超过 140 年，百年岁月的文化积淀为老字号提供了连接品牌与消费者的文化情结，老字号通过品牌传说、工艺流程、商道文化、历史差异等方式向消费者传达品牌的文化内涵（Kendall and Wickham，2001），消费者将老字号与特定的文化符号、传统符号、地方符号和价值符号联系在一起进而形成其民族性特征（Balmer and Chen，2015）。

二、老字号品牌创新

（一）品牌创新

凯勒（Keller，2003）认为，长期品牌管理包括品牌强化和品牌活化。其中，品牌活化旨在通过改变品牌知识提升品牌资产（Wiedmann et al.，2011），主要围绕品牌、产品、目标市场和营销沟通等层面展开（Lehu，2004）；品牌活化是指通过"寻根"的方式重新捕捉失去的品牌资产以扭转品牌的衰退趋势，从而使品牌价值再生（Amujo and Otubanjo，2012）。阿克（Aaker，1991）指出，品牌活化策略包括增加开发新用途、进入新的细分市场、对品牌进行重新定位、增加产品和服务的种类、放弃已经过时的品牌等进行品牌延伸。与其类似的概念还有品牌激活、品牌再定位等（Brown et al.，2003）。其中，贝瑞（Berry，1988）融入品牌创新提出品牌激活七步骤，强调打造高质量的产品和服务且重视品牌的独特品质，认为品牌创新是实现品牌激活的主要手段。不难发现，这些概念的共同实质是强调品牌创新

（何佳讯等，2007），品牌创新是实现品牌强化、品牌激活的主要途径。

学者关于品牌创新的研究主要有消费者价值论和品牌创新要素论两个视角。前者认为，品牌创新应该以消费者需求为中心，通过提供创新性的产品或服务来满足不断变化的消费者需求，进而实现品牌价值的增长（Atash-faraz，2016）。后者则认为，品牌创新是通过改变产品、服务、技术、形象和管理等品牌要素实现品牌市场影响力的提升（邓立治等，2009）。两种视角的研究都重点关注品牌创新的要素，在品牌创新要素的研究上，卡普费雷尔（Kapferer，1992）的动态金字塔模型显示，品牌的核心价值和风格分别处于金字塔的顶层和中层位置，不应或不宜变化，品牌体现处于金字塔的底层是可以变化的，主要体现在产品、目标市场和营销沟通上。其中，产品功能与新用途、产品线、销售渠道、广告语等是应该变化的品牌要素，品牌名称、商标标识、产品特征、细分市场、广告风格、代言人、包装等是在特定情境下可变可不变的品牌要素（Kapferer，1992；Lehu，2004）。基于此，学者建议企业应关注产品、技术、目标市场和商业模式等领域的创新。凯勒（Keller，1999）强调，品牌创新主要包括产品创新和营销创新；莱胡（Le-hu，2004）提出，通过更新、延伸、扩展产品或服务的创新方式激活品牌；邓立治等（2009）认为，品牌创新的实质是产品、技术、文化、形象等要素的更新与组合；梅里利斯（Merrilees，2005）指出，产品创新是品牌年轻化的重要手段，包括增添新元素、开发新用途、更新或延伸产品或服务、增加产品或服务的种类（Lehu，2004；Aaker，1991）。何佳讯和李耀（2006）认为，品牌创新需要将新产品、新市场、新定位和新形象植入品牌意识和品牌形象，进而改变消费者认知。尤其目标市场创新是应对老字号原有市场萎缩的有效方法（何佳讯等，2007），企业可考虑对品牌重新定位、增加消费者使用量和使用频率、进入新的细分市场等改变或扩大目标市场（Lehu，2004）。

（二）老字号品牌创新及其要素

以创新活化老品牌是老字号长期品牌管理的重要内容（何佳讯等，2007）。研究表明，老字号主要通过产品/服务、技术、目标市场、营销沟通、定位、顾客价值、商业模式等方面实现创新（安贺新和李喆，2013；Lehu，2004），老字号品牌创新就是老字号企业对品牌的识别要素进行重新组合的过程（尉建文和黄莉，2016）。依照熊彼特创新理论，创新就是建立一种实现生产要素新的"组合"，包括开发新产品、使用新的生产技术、寻找新的市场、获得新的材料和创建新的产业组织（Schumpeter，1934）。而为加快老字号的创新发展，商务部印发的《关于促进老字号改革创新发展的指导意见》明确建议，老字号企业做好产品与传统技术创新、经营模式创新、线上线下融合发展、企业产权改革、对接资本市场等，通过利用现代经营管理的理念、方法和技术提升老字号的品牌价值。根据熊彼特（Schumpeter，1934）的创新理论和政府指导性意见，本书从产品创新、技术创新、市场创新和商业模式创新四个方面归纳和界定老字号的品牌创新。

1. 产品创新

产品创新就是引入全新或在特征与内在使用价值方面有重大改进的产品与服务（魏江等，2008；OECD，2005），包括产品的更新、延伸和扩充等（Lehu，2004；Becheikh et al.，2006）。其中，更新意指通过新包装改变产品样式，贝瑞（Berry，1988）认为，应改善产品质量，提高消费者对陷入老化品牌认知的性价比；延伸是产品线延伸或品牌延伸，利用老品牌消费者认知的优势进入新的市场领域甚至跨界经营；扩充则包括开发产品的服务层、探索产品的新用途、提高产品的使用频率等。老字号的老化主要体现为产品外观守旧、缺乏时代气息。王克稳等（2010）认为，老字号的产品创新主要表现为样式和功能的改变，引入消费者的怀旧情绪，他们将创新的老字号产品细分为改进产品、复兴产品和全新产品三种形式。依据汪涛等（2010）对产品创新任务的分类，老字号的产品创新应有产品核心系统创新和产品延伸系统创新之分。前者是老字号围绕所传承产品的主要功能做出的改变，后者是老字号围绕与传承产品主要功能没有直接关联的部分做出的改变。同时，考虑到涉及照相、洗染等服务领域的老字号企业，根据OSLO创新手册，老字号品牌的产品创新同样包括服务提供方式的变化、全新服务的引进、原有服务的特征改进和功能完善等。

2. 技术创新

技术创新是指企业创造或引进新知识、新技术、新工艺、新的生产方式或生产体系，改善既有产品以及顾客相关的价值（Zhou et al.，2005），包括产品、流程、运营等信息技术方面的创新以及研发上的投入（Becheikh et al.，2006；Liao and Cheng，2014；王永贵等，2015）。老字号拥有独特的工艺技术，制造方法、工艺、流程、配方等是老字号的原真要素（徐伟等，2015），技术与工艺的陈旧和落后是老字号老化的主要原因（Lehu，2004），而重关系轻技术的倾向更应引起老字号企业的关注（尉建文和刘波，2015），老字号技术创新势在必行。老字号技术创新包括质量和工艺技术水平的提升、传统工艺和流程的升级换代、先进的质量管理方法和模式的导入、传统生产过程与现代技术的对接等。"同仁堂"通过工艺创新研发局方至宝丹、安坤赞育丸等实现品牌增值；"全聚德"通过引入数字化技术，改良烤鸭炉提高了品牌影响力。老字号的技术创新还应重视研发创新，包括研发创新行为、研发创新投入和研发创新专利等形式（王肇和王成荣，2020）。

3. 市场创新

市场创新就是通过改进营销沟通手段、更新现有市场和通过挖掘新用户开拓新市场（魏江等，2008；Zhou et al.，2005），它有开发式市场创新和探索式市场创新之分（张峰和邱玮，2013）。前者是在现有资源或能力的基础上通过挖掘已有市场潜力，开发现有市场，强调提高现有分销渠道的效率、挖掘现有顾客群中的新需求、维系现有顾客关系等；后者是指依靠新的知识或技能开拓新的市场和分销渠道，表现为不断寻找新的顾客群体、建立多元化的分销渠道等。为适应新时代和拓展市场渠道，商务部鼓励实施"老字号＋互联网"工程，诸如"吴裕泰"等诸多老字号企业线上直播带货、电商平台等线上销售，链接线上线下销售，实现线上下单、线下提货或送货上门，完善了多元化的分销渠道。

4. 商业模式创新

商业模式创新是企业向顾客创造、销售和传递价值过程的创新（Crossan and Apaydin，2010），它通过价值主张、价值运营和价值的分配与获取等重塑竞争优势，有开拓性商业模式创新和完善性商业模式创新两种形式（罗兴武等，2018）。其中，开拓性商业模式创新关注顾客的隐性需求，通过对市场的前瞻性预见重构或新建交易结构和交易规则，具体表现为积极打造商业生态圈、主导新颖的交易机制（Aspara et al.，2010）、开拓新颖的盈利模式和收入渠道（Christensen，2006）、建立营运成本分担和收益分享机制等（He and Wong，2004）。完善性商业模式创新关注顾客的显性需求，通过对市场的快速反应优化现有的交易结构和交易规则，具体表现为倾向于对市场领导者的跟随性创新、融入外部创新合作网络等。如《关于促进老字号改革创新发展的指导意见》建议老字号创新经营管理模式，大力发展连锁经营和特许经营，探索与旅游企业的商业合作，推进体制改革和机制创新，引入各类社会资本以提升管理水平和发展活力等。

三、品牌传承与创新的悖论

悖论（paradox）意指同时且持久存在，相互矛盾却又相互关联的状态（Smith and Lewis，2011）。管理中的悖论问题贯穿于战略、组织、领导、人力资源管理等领域，如战略管理中的短期效益与长期发展，产品创新和生产效率，组织管理中的集权和分权，组织内部的分工与协作，人力资源管理中的竞争与合作等。技术变革、全球化竞争以及劳动者多样性等环境因素催生并强化这些悖论（Lewis，2000），而有效地处理悖论是组织核心能力的体现（Farjoun，2010；苏中兴，2017）。

老字号品牌传承与品牌创新并存、对立又相互关联，长期品牌管理存在传承与创新的悖论问题。首先，传承与创新同时且持久存在。老字号"重在传承，胜在创新"，不传承将失去原真，而不再被称为"老"字号，不创新又将失去年轻人的偏好而陷入老化的困境（徐伟等，2015），传承与创新不能脱离对方而孤立存在。其次，传承与创新是对立制约的。传承强调维系品牌的一致性，创新强调改变消费者的品牌知识，它们的分歧体现在产品或服务、目标市场和营销沟通等方面"变与不变"要素的选择上（Wiedmann et al.，2011）。一方面，品牌传承是通过向消费者持续传递一致的品牌知识，维系老字号品牌的不变性，包括产品特征、原产地、名称、设计、经营理念、宣传语等品牌要素（何佳讯等，2007）。另一方面，品牌创新旨在通过改变品牌知识提升品牌资产，创新要素主要围绕在品牌、产品或服务、目标市场和营销沟通上（Lehu，2004），包括品牌名称、标志、定位和口号等品牌识别和品牌价值层（Kapferer，1992）。但品牌的传承与创新也并非易事，既要建立清晰的品牌内涵和强化品牌形象，又要通过创新适应市场变化（Beverland et al.，2010），关键是适应市场变化的创新不能通过稀释品牌身份来实现（Van Rekom et al.，2006），传承与创新又长期处于矛盾状态。最后，传承与创新又是相互关联的。依据卡普费雷尔（Kapferer，1992）品牌要素金字塔模型，传承中的不变要素在市场和技术的驱动下需要再传播、产品等要素上有所改变和创新，而成功的品牌创新又会上升为品牌应长期坚守的不变要素，即传承中有创新，创新中有传承。

现有研究多是关注"悖论"的存在，而鲜有解决悖论的理论和方法，例如，卡普费雷尔（Kapferer，1992）提出了将品牌视为三层金字塔来区分和管理"变与不变"的品牌要素。他认为，处于金字塔顶端的是品牌的核心价值与灵魂，是永恒的和一段时间内保持不变的；处于金字塔中端的是品牌的调性、准则和风格，这些要素不能随意变动，需要始终保持与品牌核心价值识别的关联；处于金字塔底端的是产品、传播主题、细分市场等，这些要素是必须变化的。针对老字号品牌传承与创新悖论解决的研究，刘海兵等（2019）总结了中华老字号文化传统、战略、创新和能力变迁的轨迹，通过探索新案例研究，构建SAIC模型用以解释中华老字号文化传统通过技术、制度、市场要素等创新形成企业能力的变迁轨迹，进而分析文化传统与创新的矛盾。马赛和李晨溪（2020）提出，双元论和双元性两种传承与创新悖论管理策略已实现老字号企业的数字化转型。双元论（dualism）认为，悖论元素之间相互排斥，在传承与创新二选一时，企业应遵循零和逻辑，实施强化机制或重购机制。前者是加强组织现有知识、惯例和能力等强化文化传承的实施，后者则围绕市场新需求对现有业务进行改造。双元性（duality）认为，悖论元素之间相互补充，企业应通过竞合逻辑，通过整合机制即整合传承与创新悖论要素间的平衡与合作，如保证促销内容不变的情况下创新促销方式等。我们认为，老字号的品牌传承与创新不可偏废，传承与创新相互等价、相互排斥、相互依存和相互促进，双元性理论为老字号的品牌传承与创新的悖论解决和平衡发展提供了理论基础。

第二节　品牌双元性

一、双元性的内涵

双元性（ambidexterity）原意是"双手同样灵活有效"，被引入组织管理中以研究相互冲突的两种活动的组合和共存，即不能只选择一种模式或活动，而应同时考虑两种冲突活动的组合和共存（Raisch et al.，2009；Gibson and Birkinshaw，2004；He and Wong，2004；Rothaermel and Alexandre，2009），其核心命题是如何有效处理矛盾双方的张力（O'Reilly and Tushman，2013）。

双元性的研究较为活跃，学者普遍认为，双元性的本质都是强调如何处理探索（exploration）和开发（exploitation）两种活动倾向的张力（Bledow et al.，2009；Keller and Weibler，2014），同时具备这两种活动的双元性是企业获取和维系竞争优势的关键（March，1991；O'Reilly and Tushman，2013）。探索活动则意指通过不断的突破寻找新的竞争优势；开发活动意指充分利用现有资源，通过战略调整提升组织适应性。学者将双元性理论广泛应用于组织管理领域，试图解决管理者、产品和品牌等活动中探索与开发的矛盾问题（张峰和邱玮，2013；Beverland et al.，2015；Nguyen et al.，2016）。但在不同的组织领域中，探索活动和开发活动的定义和特征有所差异，其中具有代表性的定义包括：（1）在组织学习视角中，前者是指与搜寻、实验、风险、发现和创新等相关的活动，后者是指与提炼、选择、效率和执行等相关的活动（March，1991）；（2）在知识管理视角中，前者意指获取有关市场、产品、能力等领域的新知识，后者则意指调整和整合有关产品、市场、能力等领域的新知识（Villar et al.，2014）；（3）在战略管理视角中，前者意指在不确定性的环境中寻求新机会，后者则是利用现有知识寻求优势（Simsek et al.，2013）；（4）在管理者行为视角中，前者是指通过学习新知识和新技能，在产品、服务、过程和市场领域获取新机会，后者则是通过利用现有知识和经验服务现有市场（Mom et al.，2007）；（5）在技术创新领域中，前者是指采用与现有技术不同的技术创新，后者则是指基于现有技术的创新（Benner and Tushman，2003）；（6）在营销管理视角中，前者指改变现有营销策略，制定新的市场细分、新产品和新渠道，后者则指挖掘和提升与现有营销战略有关的技能和流程等（Kyriakopoulos and Moorman，2004）。虽然双元性研究的领域不同，探索活动和开发活动的概念或形式有所差异，但两种活动的特征差异却十分明显，前者的特征体现为突破性变革、长期视角、变化的、新技术、关联性、变革、非惯例、灵活性、发散行为、路径创新等，后者的特征则体现为持续性变革、短期视角、筛选、现有技术、一致性、固守、惯例、稳定性、收敛行为、路径依赖等（许守任，2014）。

同时，双元性还要求管理者能够同时处理两种活动且灵活切换（Good and Michel，2013）。李悦（2018）基于管理者的视角将双元性的特征归纳为均衡、切换和协同。第一，均衡特征。规避风险和追求高效与短期收益的管理者往往偏好开发活动（Smith and Tushman，2005），而实现双元性的关键是通过增加探索活动的比重实现探索和开发两种活动的均衡（Eisenhardt et al.，2010），即通过有意的失衡实现最终的均衡。第二，切换特征。成功的管理者要能够面临和擅长多种任务和角色，并能够灵活切换自己的管理风格以激发下属的探索和开发活动（Mom et al.，2015；Lewis et al.，2002），即管理者能够根据情境要求在探索和开发两种活动中灵活切换。第三，协同特征。探索和开发活动是一对典型的矛盾要素，看似对立互斥，实为对立统一和相互支撑（Smith and Lewis，2011），成功的管理者要能够洞悉探索和开发活动内在的关联和互补，通过资源共享等创造性策略实现两种活动的协同（Gibson and Birkinshaw，2004）。

另外，在管理者双元性测量的研究中，一些学者通常采取先分别计算探索和开发活动的得分，再整合两个分数（Mom et al.，2015；Li et al.，2015）；也有一些学者进一步建议采用两个得分的相减绝对值，即用两种活动的相对水平衡量管理者双元性（Keller and Weibler，2015）；曹等（Cao，2009）则用两种互动的相乘和相加分别反映两种互动的交互和平衡，前者强调两种活动的总量，或者则强调两种互动的均衡。然而，这些测量方式孰优孰劣，目前尚未有学者进一步探讨。

二、品牌双元性的内涵

阿克（Aaker，2012）和贝维兰德等（Beverland et al.，2015）引入双元性概念，构建品牌双元性，试图解决品牌管理中的悖论问题。品牌双元性（Brand Ambidexterity）旨在解决品牌传承和品牌创新两种相互并存且冲突的两种属性的矛盾，贝维兰德等（Beverland et al.，2015）将其定义为通过实现品牌的一致性和关联性以创造价值的营销能力。品牌一致性是指通过诸如名称、符号和定位主题等规范和维系既定的品牌形象及其内涵（Bengtsson et al.，2010）。这种战略通过一致的品牌接触点缩小品牌形象与其身份的差异（Högström et al.，2015），能够反映品牌原初的概念或其身份和维系品牌的强度和偏好，这与品牌管理中的传承、不变、怀旧等概念一致（徐伟等，2020）。一致性虽是当前品牌管理的主导逻辑，但它却潜在性地抑制了创新（Beverland et al.，2015）。品牌关联性是消费者对品牌是否具备满足不断变化市场的需求能力的感知（徐伟等，2020），它通过创造新类别或子类别进入一个没有或很少有竞争对手的市场，从而弱化原有类别中品牌的优势，使品牌变成新类别的代名词和消费者唯一的购买选择（Aaker，2012）。而如此有影响力的品牌能力不是源于原有品牌的强化，而是来自发掘新机会、形成新知识以及创新产品和服务，因此，品牌关联性与创新密不可分（Aaker，2012）。在品牌管理活动中，品牌设计者在相关程序和实践中追求一致性和关联性，强化品牌关联性但避免牺牲品牌一致性，运用双元性思维来实现品牌管理。例如，贝维兰德等（Beverland et al.，2015）依据一致性和关联性的高低程度，构建了二维四象限图用于揭示品牌一致性和关联性的交互现象，即低一致性与低关联性、高一致性与高关联性、低一致性与高关联性以及高一致性与低关联性，这反映了应对不同创新形式的四种战略选择，即渐进式品牌延伸、颠覆式品牌延伸、激进式品牌创新和紊乱式品牌延伸。

一致性与关联性是品牌双元性的二元（Beverland et al.，2015），笔者认为，品牌管理也聚焦双元特征，双元要素体现为品牌传承与品牌创新，并存且相互冲突的老字号品牌双元性要素具有对立、互动和均衡协同的特征，即存在矛盾的张力。首先，品牌双元性概念强调追求两种截然不同战略方向的能力（Beverland et al.，2015；Melewar and Nguyen，2014）。老字号品牌传承是通过维系品牌遗产强调品牌的一致性，品牌创新是通过创新性的品牌活动寻找品牌成长的新机会，老字号品牌传承和品牌创新之间存在矛盾性且某些方面存在相反特征和张力，二者之间的对立是品牌双元性的基础（徐伟等，2020）。其次，品牌双元性运作机制内部并非绝对地处于静止状态，而是双元性要素动态互动调整的过程。贝维兰德等（Beverland et al.，2015）将品牌双元性概念拓展到二维空间，即高一致性与高关联性、高关联性与低一致性、高一致性与低关联性、低关联性与低一致性四种不同的状态模式，实质上是一致性与关联性双元动态互动中呈现出四种不同概念化的品牌双元性发展状态。最后，品牌双元性要素间本质上是对立统一的，存在对立属性但彼此相互依存与协同（Lewis et al.，2002；Smith and Lewis，2011）。品牌管理者通过此消彼长的关系把握双元性要素之间的比例以确保两种活动都能获得足够重视和投入，从而实现协同效应，即二者之间并存与组合是双元性实现的内在机理（徐伟等，2020）。

三、品牌双元性的影响

相关研究主要集中在组织双元性的影响和路径上，学者普遍认为，同时追求探索活动与开发活动的双元活动有助于提升组织绩效（He and Wong，2004；Jansen et al.，2009；Tushman and O'Reilly，1996；尤树洋等，2020），品牌双元性也是维系矛盾双方均衡和实现品牌绩效的重要手段（Beverland et al.，2015；徐伟等，2020）。目前，关于品牌双元性影响的研究主要集中在品牌理论和品牌实践两个层面上。品牌理论上，实证研究发现，品牌双元性会正向提升品牌绩效（Nguyen et al.，2016；徐伟等，2020），例如，维持或重振股权（Brown，2003；Thompson et al.，2006）、提高品牌形象（Nguyen et al.，2016；Melewar and Nguyen，2014）等。品牌实践上，学者通过构建品牌一致性和关联性双元设计思维（Beverland et al.，2015）、"品牌活化矩阵"（何佳讯和李耀，2006）、品牌双元性构型（徐伟等，2020）等解决品牌长期管理中的悖论问题。

由于探索活动和开发活动存在知识冲突和需求张力，因而，组织在实践中长期处于失衡状态（March，1991），过度强调矛盾要素的一方对品牌绩效会造成不利影响。学者的研究普遍表明，企业在一致性和关联性均衡时的绩效表现是最好的（Uotila et al.，2009）。从风险与回报角度看，品牌关联性旨在满足新兴市场的需求（Benner and Tushman，2003），其相关回报周期长且在时间上更具不确定性（He and Wong，2004），因创新而增加的高成本可能会产生与回报不相匹配的风险（Cao et al.，2009）。另外，品牌一致性强调通过对现有资源或能力的重组满足市场需求，其回报周期短且时间上较为确定（He and Wong，2004），但可能又会错失发展机遇。而品牌只有且必须通过追求适用于当前运营需要的一致性和关注于未来市场和消费者需求的关联性才能有效构建品牌资产（Kates，2004），二者的共存和交互弥补了单一矛盾要素的不足，从而促进品牌绩效和品牌权益的提升（O'Reilly et al.，Tushman，2008）。例如，阮等（Nguyen et al.，2016）在高等教育领域构建了品牌双元性的概念框架，认为品牌双元性机制下实施探索策略和开发策略均会对品牌绩效产生积极影响。

但遗憾的是，据笔者目力所及，尚未有学者从品牌双元性视角探讨老字号品牌传承与创新的悖论解决问题。在面对复杂变化的市场情景时，学者认为，成功的品牌应该必须具备双元特征，这能够同时平衡传承与创新的悖论（Beverland et al.，2015）。悖论的解决需要传承与创新，两者不仅缺一不可，而且两策需并用，品牌双元性中一致性和关联性的交互作用较好地解释和解决了传承与创新的组合问题。因此，老字号品牌双元性研究势在必行。但是，老字号是中国传统文化的精髓，中国本土管理问题必须扎根于中国传统哲学（李平，2013；颜世富，2012），脱离传统哲学的老字号研究只能成为空中楼阁或"夹生饭"（李平，2013）；另外，悖论的解决是动态和相对的（Du，2011），传承与创新是在动态的此消彼长中实现的相对平衡。显然，品牌双元性理论无法解决以上问题，老字号的长期品牌管理引入中国传统哲学作为研究的认识论和方法论是十分必要的。

第三节　阴阳思维与阴阳管理

中国本土的管理问题必须扎根于中国传统哲学（李平，2013；颜世富，

2012），坚持问题导向的本土化研究思路，通过理论研究与组织管理实践重构中国管理研究的话语权是中国本土研究的方向（李平，2010）。为此，国家自然科学基金委员会管理科学部提出"直面中国管理实践"的学术指导方针，《管理学报》设立以"中国·实践·管理"为主题的"管理学在中国"栏目，《外国经济与管理》推出"东方管理"栏目，旨在推动管理学的本土化研究。

随着20世纪80年代末周易热的兴起，学者纷纷基于易经思想体系提出周易管理理论，希望通过融合中国传统的思想精华建立中国式的管理模式。其中，作为《周易》的核心思想，相生相克的"阴阳"思维被越来越多地用于解决各类管理和社会资本的悖论问题（Li，2016；王在华，2010；李瑶等，2014）。竞争与合作、开发与探索、稳定和变化、传承与创新等悖论不能通过放弃矛盾的一方甚至扬弃矛盾得到根本解决（Li，2016；Farjoun，2010），它们是在对立、并存与动态的此消彼长中实现阴阳平衡。阴阳管理就是运用阴阳思维平衡地处理管理要素，从而实现管理目标（王在华，2010），此研究已经引发国内外学者的高度关注，并被广泛地应用于企业的人力、财务、营销、组织等活动中。本书通过对阴阳思维的解读和阴阳管理研究的梳理和总结，提出和认为阴阳思维能够准确和深刻地解释和解决老字号品牌传承与创新的悖论问题，为探讨老字号品牌传承和品牌创新的双元性均衡问题提供理论基础。

一、阴阳思维的内涵与比较

（一）阴阳思维

中国传统哲学是由"道""阴阳"和"悟"三大内容组成。道为本体论，强调主观与客观的对立统一、天人合一；阴阳为认识论，即正反双方相生相克，强调整体、动态和对立统一的平衡；悟为方法论，强调思维方式的直觉想象，以比喻类推为具体方法获得洞见（李平，2013；方东美，2012），三者的有效整合成为中国智慧哲学的整体框架，并为中国本土管理理论提供坚实的哲学基础。被冠为五经之首、大道之源的《周易》，其核心思想之一为阴阳，即"一阴一阳谓之道"。

　　阴阳认识论认为，事物的正反双方相生相克（Li，2008），它就是在阴阳两种相反相成的力量作用下不断运动、变化、生成和更新（李平，2013），其基本规律就是阴阳要素的对立和消长，即世界本身包括所有现象都是阴阳二气对立统一的结果（王在华，2010；Fang，2012）。阴阳思维为事物的发展提供一种整体的、辩证的观点，即阴阳相生相克、相互影响，形成了一个动态的矛盾统一（Fang，2012）。它包括三层含义：首先，本体论上，阴阳哲学认为，任何物体都是两个对立面，即任何事物都不是纯粹的，没有绝对的阴阳之分（Li，2014），阴阳哲学不是去消除矛盾，而是将主要目标转移到理解阴阳如何相互作用上（Zhang and Reay，2018）；认识论上，阴阳哲学认为，我们可以而且应该始终看到两个对立的元素共存于任何现象之中，偏离这两种认知或论证的通常都被认为是反阴阳的（Li，2014）。其次，阴阳是动态变化的（Zhang and Reay，2018），阴阳思维被认为与工程中的"旋进（precession）"很类似，运动合成后的结果是更高速和有效的，阴阳思维的关键在于时间延展和空间延展，即从事物发展的全过程以及不同的组成部分来考察矛盾的形成过程。最后，阴阳的转化是由语境决定的（Zhang and Reay，2018）。矛盾不需要通过扬弃矛盾的一方加以解决，矛盾双方应该永远共存，否则没有矛盾就没有"道"和阴阳消长。可以看出，不同于亚里士多德"要么"的显性二元思维和黑格尔"都"的隐性二元思维，阴阳思维逻辑遵循"非此又彼，非彼又彼"的"要么/都"的双元思维（Li，2008），即阴阳思维认为，矛盾的双方相互包含、在既定条件下可以相互转化且在对方的平衡互动中解决矛盾。李平（2013）将阴阳思维的规律性维度归纳为整体性、动态性和对立统一，它们的共同主题就是相生相克的阴阳平衡（Li，1998）。

　　中国传统哲学提倡科学与艺术的互动与整合，西方哲学主张科学与艺术的分离，它们本质上虽存在差异但又可互补（Li，2012；Li，1998）。首先，无论是阴阳思维，还是西方的形式主义逻辑以及辩证思维，都始终承认对立的要素之间存在着矛盾或取舍，这些要素在同一时间、同一地点共存。其次，阴阳辩证思维并非中国独特现象，黑格尔的辩证法与之毫无二致，根本区别在于阴阳变异是周而复始的循环模式，而黑格尔的辩证扬弃是螺旋式上升的（李鑫，2016）。最后，阴阳管理将所有的辩论或争论视为二元性，以避免任何可能的片面偏见，其主要目标是将对立的观点整合成统一的元观点，进而解决复杂的矛盾问题（Li，2012；Li，2014）。也有学者对此有着不同看法。例如，李鑫（2015，2016）认为，中西方的二元思维方式并不是替代或从属的关系，而是互补的关系，两者无所谓孰优孰劣。虽然中西方的不同思维方式的确没有无条件的优劣，但是，在不同条件下两种思维方式具有各自的独特优势：在非悖论情境下，西方"非此即彼"思维具有明显优势；在悖论情境下，东方"相生相克"阴阳思维具有明显优势。因此，悖论研究需要采用阴阳思维，阴阳管理研究的哲学基础应以中国传统哲学为主，以西方哲学为辅（李平，2013；巩见刚等，2019）。

（二）阴阳思维与西方哲学思维的比较

国内外有关悖论的管理实证研究多基于西方哲学基础，深受亚里士多德形式逻辑和黑格尔辩证逻辑的影响。亚里士多德把"对立"规定为辩证法的最基本范畴，强调在"事物对立面的统一"中把握对立面。形式主义逻辑认为，范畴中的各个要素具有充分必要条件和边界清晰性，它们只有成员和非成员两种隶属度，即二元对立。特定范畴中某一要素要么具有该条件即属于该范畴，要么不具有该条件即不属于该范畴，不存在既属于又不属于的情况，这在二元逻辑中体现为"或是或非"，而非"既是又非"。从事物本质而言，矛盾的双方就是"非此即彼"和"是其所一"，矛盾的主要方面就决定了事物的质，以此区别于其他事物。与此类似的西方辩证逻辑还有柏拉图的"对立"学说和康德的"二律背反"学说，但他们对矛盾的观点仍只停留在对立阶段，并未达到矛盾的统一和转化，因此，尚未跳出形式逻辑的范畴。

类似于亚里士多德"非此即彼"思维，黑格尔的辩证法将存在分为对立的二元，二元双方彼此冲突和相互否定，但矛盾的双方能够通过扬弃达到矛盾的解决。黑格尔的辩证逻辑认为，矛盾的双方可以并且应该各自独立存在，相互参照，但矛盾的双方互不包含；矛盾的双方能够彻底并且无条件地相互转化；矛盾状态能够通过扬弃矛盾的一方得到根本解决。这种扬弃过程并非一个单一的、统一的过程，而是一个自身同时也是由两个矛盾对立的子过程组成的。具体而言，自身（A）及其对立面（−A）同时变化和消解到其对立面的扬弃过程并不是一个统一的第三者，而是一对矛盾对立的新的自身（A′）及其对立面（－A′）。亚里士多德的显性二元思维和黑格尔的隐性二元思维虽不完全一致，但是他们共同的终极目标是把矛盾化解为相容，因此，两者在本质上是一致的。类似于亚里士多德"非此即彼"思维，黑格尔的辩证法将存在分为对立的二元，双方彼此冲突和相互否定，但矛盾的双方能够通过扬弃实现矛盾的解决。

二、阴阳思维在管理中的应用

企业管理中普遍存在悖论问题，贯穿于战略、组织管理等的全过程（苏中兴，2017），如授权与控制（鞠强，2004）、竞争与合作、利益最大化与社会责任（王在华，2010）、效率与公平（苏中兴，2017；白如彬，2015）、传承与创新（徐伟等，2020）等。阴阳管理理论被视为企业解决类似管理困境和悖论问题的新思维和新手段（Smith and Lewis，2011），它将阴阳思维与企业管理相结合，灵活地处理和平衡管理中的矛盾问题。王在华（2010）将阴阳管理界定为"将阴阳理论运用于管理活动，通过辩证处理管理活动中的各种对立要素而实现管理目标"。王在华认为，阴阳管理具有九大内涵特征：（1）管理活动有积极消极、快慢、强弱、盛衰等正反两方面；（2）这些相互对立、互为依存的特征均为阴阳表征；（3）阴和阳就代表管理活动中这些对立、互根的两种力量；（4）体现为管理活动中对立、互根的物质属性，如变化的、主动的、昌盛的都属管理之阳，静止的、被动的、衰退的都属于管理之阴；（5）这些阴阳要素相互作用推动了管理系统的发展、扩展和变化；（6）管理活动的结果就是这些阴阳力量交合的结果；（7）阴阳两种力量的对立、互根和消长是管理活动固有的；（8）它们是同一层面的某种管理活动或对象的两个方面；（9）而且这种阴阳属性是相对的而非绝对的，它们既相互发展，又无限可分。周生辉和周轩（2018）进一步认为，阴阳管理是从阴阳属性相辅相成或相反相成的视角组合不同的管理理论或策略，针对性地解决复杂性和动态性的管理问题。他们将阴阳管理分为阴管理和阳管理，阴阳"相和相佐"和"相杀"，进而产生增效或纠偏增效的效果，最终实现管理的动态平衡。

（一）管理悖论的解决

国内外学者已经认识到了悖论的显著性和非此即彼的逻辑缺陷（Smith and Lewis，2011），随着管理的悖论情境日益显著，越来越多的学者将研究的视角转向阴阳思维（王在华，2010；Li，2012；Smith and Lewis，2011）。从阴阳思维的视角，不同甚至相互冲突的组织要素的共存体现了管理的悖论状态（Fang，2012），且企业的管理问题具有多样性、复杂性和动态性等特征，管理工作的关键是解决阴阳失调，通过调整阴阳，最终实现阴阳的相对动态平衡（颜世富，2012；王在华，2010），即将悖论从一个消极的问题重新建构为积极的解决方案，通过分享共同的目标和强调整个系统所增加的价值，对立的元素可能会找到其独特之处，并积极合作。

首先，阴阳思维回避悖论问题。在面对悖论的时候，管理者的第一反应可能是要么抵制（或否认），要么超越，从而试图避开这些不一致（Smith and Lewis，2011）。而具有阴阳思维的管理者将悖论问题视为阴和阳的有机组合，认为阴中有阳，阳中有阴，它们相互牵制又彼此依赖，而不是仅仅分离或共存。阴阳管理将所有的悖论或争议视为阴阳二元，以避免任何可能的片面偏见，其主要目的是将对立的观点整合为统一的观点，即阴阳管理善于调和与整合对立的观点。李（Li，2015）提出整体和二元的视角，他认为，持有阴阳思维的管理者应该建立整合性思维，该思维能够帮助管理者整合性地看待阴、阳的悖论元素，重视这些元素的和谐与平衡，而不是只关注其中一种。

其次，悖论管理的主要内容和目标是阴阳"和谐"（Du et al.，2011）。悖论是并存且相互作用的对立两方，其过程有合作、协作、对抗和冲突四个阶段，它的解决就是实现双方从不一致到一致的和谐（Brugha，2006）。阴阳管理以阴阳平衡思维为核心，它们追求的目标是一种太和境界（周止礼，1992）。管理者应适当配置阴阳两种势力，形成优化组合进而出现和谐局面。另外，阴阳思维下悖论的解决又是动态的。吕力等（2016）提出，"矫饰"的概念旨在解决悖论的动态问题，他认为，悖论在某一时间点上是阴阳矛盾的，而悖论解决的整个过程是阴阳轮回。解决管理悖论的策略并不是严格按照"阴－阳－阴－阳"的逻辑顺序，而应是灵活的，是在动态的循环过程中实现了阴阳轮回，他将这种博弈称为"策进"。例如，为破解绩效导向的悖论，罗肖依和孙黎（2019）提出，生生不息的理论框架和概念，认为企业通过识别和区分组织中的阴阳关系处理各种管理矛盾的对立、依存、展开、分化、和解或升华，并通过不断识别和调整这些矛盾最终实现和谐共处。

悖论是对立统一的，不仅"非此即彼"和"既此亦彼"，而且悖论中的双方在一定的条件下可以并应该相互过渡和相互转化，如老子所言"祸兮福所倚，福兮祸所伏"。依据李平（2010）对中国管理本土研究的理念界定，基于本土哲学阴阳互动论解决老字号品牌传承与创新的"本土现象"问题则是典型的本土管理问题研究。但如学者所言，中国本土管理研究缺乏本土理论的构建，缺乏与本土哲学的衔接，以及缺乏与西方哲学理论与方法论的对话，造成阴阳管理研究的理论体系化程度不高（李平，2013）。因此，提倡整体的、动态的以及二元的阴阳思维作为悖论研究的认识论和方法论是十分必要的（Li，2012；Chen，2018）。老字号品牌传承与创新的悖论研究需要采用阴阳思维，老字号品牌传承与创新的双元性构建的哲学基础应以中国传统哲学为主，以西方哲学为辅（李平，2013；巩见刚等，2019）。

（二）管理活动中的应用

管理的结构系统内部存在互为对立的阴阳力量，学术研究和企业实践多从阴阳思维的视角解释和处理相关管理议题（覃大嘉等，2018）。华为与腾讯的"灰度"管理模式、阿里"既要、又要、还要"的发展战略、海尔"人单合一"的发展模式以及百果园矛盾管理的运营之道等均体现了阴阳平衡思维，阴阳管理被广泛地应用于企业组织、资本、人事、营销等诸多领域中。

1. 组织管理

目前，主要集中在组织管理的模式和变革的问题研究上。企业组织管理模式具有阴阳二元性，利益机制与企业文化建设、核心竞争力与企业形象、放权与控制以及决策中的创新与检核机制均阴阳对立，企业组织管理的主要任务就是追求这些二元对立要素的平衡协调。企业以阴阳平衡为目标选择、优化自身的管理组合，这种选择并非"二选一"，而是"中和之美"的多重动态平衡（鞠强，2004）。在组织绩效悖论的解决方面，罗肖依和孙黎（2019）基于阴阳理论提出生生不息导向的绩效管理框架，试图解决股东利益最大化与增加利益相关者福祉，以及管理者短期取向与长期取向的组织绩效悖论。生生不息导向是指重视组织中各种对立的阴阳关系，用阴阳思维处理各种矛盾的依存、对立、展开、分化和和解，从而顺应组织资源能力、利益相关者的各种潜能，实现生生不息。首先，组织价值的实现应该考虑反映股东价值的财务实力，反映企业未来成长的创新，以及反映利益相关者福祉的员工参与及发展、顾客满意度、社会责任等五大相互依存和对立的指标，组织要在这些指标的不平衡中发现成长动力，不断颠覆自己（罗肖依和孙黎，2018）。其次，他们进一步认为，采取生生不息导向的企业更可能增加企业开放式创新的程度，以及更善于平衡与外部企业之间的竞合关系。在组织创新的研究方面，杨博旭等（2019）基于阴阳范式构建了相关和非相关技术多元性对合作创新的动态影响机制。相关技术多元化为阴，非相关技术多元化为阳，前者对合作创新产生倒"U"型影响，后者促进合作创新，两种作用的协调和整合对合作创新的影响体现为累加整体效应和协同整体效应。他们认为，当相关技术多元化和非相关技术多元化两者平衡时，累加整体效应和协同整体效应均对合作创新产生倒"U"型影响；当非相关技术多元化强于相关技术多元化时，交互整体效应对合作创新产生倒"U"型影响，但累加整体效应对合作创新的影响是正向的，即技术多元化的发展是从平衡到不平衡，再到重新平衡的动态均衡过程。

为揭示组织变革的内在机理，金和范德文（Jing and Van de Ven，2014）基于阴阳思维构建了包含势的重要作用、应势和造势的行动策略和无为的辩证性三大要素的变革模型。他们认为，"势"是阴阳实体相互转化过程中产生的情境动量，它能够促进或抑制变革；"应势"是通过了解环境变化的节奏抓住有利的情境动量，并将其行动付诸实践；"造势"是通过有目的地利用外部力量实现目标，变革推动者通过继续动量，创造有利的"势"；"无为"是指变革推动者不采取任何与变革问题相关的行动，既不应势也不造势。如果变革者将造势、无为和应势策略与势的节奏同步，则极有可能取得成功；相比于不利情境，变革者在有利情境采用应势策略极有可能取得成功；相比于有利情境，变革者在不利情境下采用造势策略重新引导势极有可能成功；秘密意图对于造势策略更有效，而公开意图对于应势策略更有效；变革者在从不利到有利的情境过渡中采用无为而治，更有可能会取得成功。

2. 资本管理

研究主要关注各类资本的阴阳属性及其演进和均衡。徐鸣（2011）从阴阳视角探讨资本构成变化引致企业理论的发展阶段。他将企业的无形资源和虚拟资本视为阴性，有形资源和实体资本视为阳性，经济学中新古典企业理论、现代企业契约理论和演化经济学企业理论的发展是由注重阳，进而注重阴，最后达到实体资本和虚拟资本"阴阳和合"的演进过程。在家族资本管理的研究中，张和雷伊（Zhang and Reay，2018）认为，家族资本由彼此共存、相互作用与转化的阴阳两面组成，其中积极的家族资本为阳，消极的家族资本为阴，家族资本的管理是在积极的家族资本与消极的家族资本的阴阳平衡中实现的。他们建议，企业通过权衡积极的家族资本与消极的家族资本的对比情况选择以下五种战略中至少一种战略处理资本管理问题。第一，抑制阳属性。将经营与家族分离，预防性地抑制积极的家族资本。第二，减少阴属性。营销家族成员，主动地减少消极的家族资本。第三，平衡阴阳属性。走折中路线，始终维系阴阳家族资本的平衡。第四，开发阳属性。寻求家族成员支持，深度开发积极的家族资本。第五，屈服于阴属性。为家族牺牲经营，屈服于消极的家族资本。为厘清机会与资源之间复杂的作用关系，本着机会与资源相互融合的思想，高洋等（2019）基于阴阳平衡思维将机会资源一体化分割成内部和外部一体化，前者通过拼凑（或配置）手头资源创造（或实现）新机会，促进企业成长，后者强调识别稀缺资源和获取外部资源，发现新机会，两者"一阴一阳"实现创业系统的平衡。

3. 人事管理

依照阴阳和谐理论，企业组织是一个动态循环系统，其中的人力资源个体与群体间会因为工作岗位、任务安排等产生联结，这些关系会不断地相互作用，并不断转化（Chin，2015）。首先，在领导特质和风格方面的研究中，张等（Zhang et al.，2017）认为，谦虚的 CEO 行为上体现为自我意识、欣赏他人、乐于自我完善等，他们倾向于授权和薪酬平等，追求可持续的公司业绩；而自恋的 CEO 拥有膨胀的自我观点以及渴望得到肯定的认可，他们更喜欢动态战略和极具风险的投资。看似竞争却潜在互补的谦虚和自恋具有阴阳特征，CEO 的这两种特质是可以共存的，并在互动中产生社交魅力，进而提升领导创新的能力，这种类型的 CEO 被称为悖论式领导（Zhang et al.，2015）。在领导风格上，朱金强等（2018）认为，包容型领导和事业型辱虐管理是对立统一、冲突互补的领导风格。前者是一种宽型领导风格，它包容员工的错误和失败，鼓励员工参与，强调授权；后者则是一种猛型领导风格，它通过批评、辱骂的方式刺激员工工作。当包容型领导和事业型辱虐管理都较小或较大，即"阴盛阳衰"或"阳盛阴衰"时，员工的创新行为均较低，而只有两者适度时，员工的创新行为才最高，"一宽一猛"的阴阳交互对员工创新性具有非线性的倒"U"型影响。植根于中国阴阳平衡哲学，林（Lin，2015）分析了本土企业家和海归企业家正式与非正式关系的平衡决策问题，构建了两种关系之间非对称平衡的空间模式和过渡平衡的时间模式。他认为，在创业初期，海归企业家重视正式关系甚于非正式关系，而本土企业家则重视非正式关系甚于正式关系。然而，在相同的组织情境下，海归企业家与本土企业家在商业交流中会趋向于一种正式—非正式关系的平衡，即海归企业家增加了对非正式关系的重视（但保持了正式性的主导地位），而本土企业家则逐渐从非正式性关系转向正式性关系。

其次，在员工个体特征方面的研究中，李海等（2016）基于阴阳视角，探讨了情绪影响个体创造力的机制。员工的积极情绪与消极情绪是相生和互补的一对阴阳要素，两者既通过同一机制对创造力产生相反影响，又通过不同机制对创造力产生相同影响。因此，积极情绪和消极情绪对创造力皆有利有弊，建议采取"执两用中"策略解决这一问题，即在创造性过程的不同阶段转换两种情绪的份额，在不同情境中最大化地利用两种情绪的优势。基于阴阳和谐框架，覃大嘉等（2020）探讨员工职业能力对创新行为的影响，认为反思能力和行为能力反映员工内在心理活动，交际能力涉及员工对外沟通活动，获取外部资源的交际能力与反思和行为能力呈现出阴阳相辅相成的互补关系，强化了两种职业能力对工作重塑的积极影响。

最后，针对人事冲突的处理，杜等（Du et al.，2011）从阴阳思维角度构建解决人事冲突的信任管理机制。他们认为，解决冲突的关键是在调节他人和调节自我之间保持平衡，建立和保持和谐是双方调节的桥梁；引发和谐状态的最佳方式是通过关系采取间接行动，而非通过权力采取的直接行动，信任则是采取行动、实现和谐状态和赢得双赢谈判结果的原始动因和源泉。基于中国实证数据的研究表明，关系和面子是构建信任和解决冲突常用的行为方式（Chen et al.，1997 - 1998）。而在转型升级的背景下，职工年龄成为人事冲突的重点，覃大嘉等（2018）依照阴阳动态相生思想认为，具有互补性的不同人资模块间的交互作用会对职工情感承诺产生比单一模块更大的影响，即绩效考核和薪酬与福利管理是阴阳的有机整体，只有实现两者的高度适配才能有效提升员工的情感承诺。陈（Chin，2015）用阴阳表征工作场所中的中国和谐文化，建议企业应将和谐文化的智慧嵌入员工管理中，这有助于处理异质文化以及促进员工的创新和创造力。

4. 营销管理

营销管理本质上就是一个阴阳五行系统，其中生产为阳仪，消费为阴仪，阴阳交合构建一个阴阳系统（贾利军等，2020）。一个健康的市场系统必然存在相生相克的金、木、水、火、土的五行即五种力量。一方面，五种力量相生，极往知来，促进市场健康发展；另一方面，五种力量相克，知己知彼，保持良好的市场竞争态势。在阴阳的互动中，营销行为在阴阳力量的此消彼长中逐步经历太阴、少阳、太阳和少阴的演化之路（贾利军等，2015）。因此，把握营销属性的阴阳内涵，重视营销要素的动态平衡并实现阴阳营销要素的转化应是营销管理者思考的新内容。

从营销管理的要素层面，现有文献集中在产品和品牌的阴阳管理研究上。首先，鉴于产品的专有性、制造过程的刚性、服务的无形性以及提供过程的柔性，罗建强和姜平静（2020）将产品和服务分别界定为阳属性和阴属性，产品和服务混合产品的生产过程就是阴阳两相配伍、纠偏增效的过程，而制造业服务化的过程是以技术为核心的阳极产品和以价值为取向的阴极服务深度融合、此消彼长、状态更替的阴阳互动过程。其次，詹志方等（2009）认为，品牌亦具有阴阳属性，阴质可概括为品牌的"实、有形、功能、理性"等特征与形式，阳质可概括为"虚、无形、形象、感性"等特征与形式。他们建议，企业要用阴阳思维"观"品牌，如通过"阴阳互根"

"阴阳并济"和"阴亢阳实"实现品牌之"和",通过"心正"把握品牌之"交易"和"交情",通过充分满足消费者的基本需求和精神需求实现消费者的"圆满需求",并最终赢得市场份额和情感份额的"道"。

另外,亚瑟和慧蒂(Usher and Whitty,2017)引入阴阳思维探讨客户满意度和项目成功在项目绩效管理中的阴阳耦合作用。客户满意是感知的价值,即主观的,而项目成功是预先可确定的可量化指标,即客观的,两者系统话语不同,它们通过不同的语言规则传递信息,因此,处于二元对立状态。他们认为,首先,管理者要意识到项目管理结构中悖论的存在,项目成功和顾客满意分别具有阴阳属性;其次,需通过聚焦实现项目绩效。项目成功通过聚焦项目目标实现项目绩效,顾客满意通过聚焦项目参与者的期望实现项目绩效,两者项目绩效的实现路径不同;最后,管理者必须创造项目成功(阳)和顾客满意度(阴),阴阳项目管理则是这两种力量的耦合。

(三)阴阳管理的应用思路

学者普遍认为,阴阳管理通常需要先将管理活动中矛盾的元素分为对立统一的阴阳两类,然后再基于阴阳思维分析管理问题产生的原因和背景,进而通过阴阳要素的调整实现管理活动的相对动态平衡(周生辉和周轩,2018),即阴阳管理主要遵循管理问题的生成、诊断和控制等逻辑思路展开实施(王在华,2010)。

首先,以阴阳思维思考管理活动,即管理问题的生成。管理的具体运行功能是阴阳两种力量对立统一、相互协调的结果(王在华,2010)。企业管理问题的存在就是因为某种原因导致阴阳要素的失调,即阴阳的偏盛偏衰,这种状态是企业无法回避和彻底解决的,企业管理系统内部各部分之间只能保持相对的动态平衡状态(王在华,2010;周生辉和周轩,2018)。类似于中医中阴阳呈现的"过盛""盛""平""衰"和"衰竭"5种状态,管理活动中阴阳要素也会体现出5种状态,即"极高""高""中""低"和"极低"(鞠强,2004;周生辉和周轩,2018)。状态程度过低或过高时,即使达到的是弱平衡,管理问题也是存在的。苏中兴(2017)进一步指出,战略、组织、领导、人力资源等企业管理活动存在失衡,问题的解决不能停留在方法论层面,而应基于阴阳思维思考以上管理活动的均衡问题。

其次，以阴阳思维分析管理问题，即管理问题诊断。尽管管理问题产生的现象复杂多样，但可利用阴阳思维分析和诊断企业具体运行功能是否正常（王在华，2010；白如彬，2015）。颜世富（2012）认为，一要分析阴阳属性；二要分析问题产生的表征，"阳盛""阴盛""阳虚""阴虚"诊断出管理活动中的异常现象和问题。苏中兴（2017）又进一步认为，企业应基于阴阳思维分析促使阴阳平衡的前因后果以及哪些要素可以促进这种平衡。同时他建议，要将传统思想与西方的管理理论相结合，在传统阴阳管理思想中加入更多的逻辑分析和实证分析，唯有如此，阴阳管理才更科学化和系统化。

最后，以阴阳思维解决管理问题，即管理问题控制。阴阳管理的目标是实现阴管理和阳管理的相对平衡，周生辉和周轩（2018）指出，这种"平衡态"的取值不是唯一而是在一定范围内波动的，是一种相对的动态平衡。阴阳管理就是企业根据自身情况，以问题为导向，通过调整和组合阴管理和阳管理的要素解决组织管理问题。具体过程需做好：（1）阴阳属性的相辅相成。即阴阳属性相同或相似的悖论要素之间可以实现组合的管理策略，例如，为员工实施制度化管理的同时，还辅以相应的物质激励，以提高员工的积极性和工作效率。（2）阴阳属性的相反相成。即阴阳属性相反的悖论要素都各有优劣，如企业的传承与创新，企业过于依赖"传承"则难以应对市场变化；过于"创新"则会因变革而失去品牌精髓（徐伟等，2020）。两者单独使用都会带来消极影响，因此，双方要有所偏倚，兼顾主次，以消除对方的副作用，即"相互纠偏"。企业管理中真正合理的状态是阴阳平衡的调和状态（Li，2012；周生辉和周轩，2018）。（3）新平衡和旧平衡。两者也是可以相互转化的，即达到阴阳平衡的状态是实现企业组织变革和战略升级的过程，在发展的过程中，是不断打破旧平衡，寻找新的平衡点的过程，这个过程是动态的，是避免组织存在一种惰性的状态（苏中兴，2017），也是阴阳在一定的范围内消长变化，从组织管理中的局部不平衡重新转化为"旧平衡"。例如，企业中组织的结构在发展中不断变化，从最初的直线型组织结构，经历了职能型、流程型再到网络型组织结构，形式的变化也带来组织中职能部门、管理方式、经营理念等都发生了巨大的变化，因此，也需要不断地随着环境变化做出相应的调整，寻找新的平衡点。

三、传承与创新悖论中的阴阳思维

结合老字号品牌传承与创新及其悖论，本书认为，品牌传承与品牌创新构成了老字号品牌双元性的阴阳两极，老字号就是在品牌传承与品牌创新的阴阳互动中创造出价值和实现成长的。因此，阴阳互动思维能够准确和深刻地解释和解决老字号品牌传承与创新的悖论问题，品牌传承与品牌创新具备阴阳对立、互根、消长、转化和均衡的特征。

（一）传承与创新是对立的

"阴胜则阳病，阳胜则阴病"（黄帝内经·素问·阴阳应象大论），阴阳属性相互对抗又互为统一，双方既始终处于斗争和对立状态，又在此消彼长的相互制约中实现动态平衡。老字号的传承是强化，即传递一致的品牌意义，维系品牌的不变性，体现为消极、被动和缓慢，可被视为"阴"；创新是活化，即改变品牌知识，重塑品牌的形象，体现为积极、主动和快速，可被视为"阳"，"变"与"不变"互相对立和相互斗争。

（二）传承与创新是互根的

"孤阴不生，孤阳不长"（观物外篇），相互对立的阴阳管理活动相互依存、相互依赖，任何一方都不能脱离对方而孤立存在。老字号只传承不创新，就会失去年轻人的青睐而老化；只创新不传承，就会失去"老"，而不再被视为老字号。只有传承中求创新、创新中重传承，老字号才能长期繁荣下去。

（三）传承与创新是消长的

在企业管理活动中的正常状况下，阴阳双方在一定"度"里消长变化（周生辉和周轩，2018），阴阳双方应是长而不偏盛，消而不偏衰，而若过了这一限度，则出现阴阳的偏盛或偏衰（王在华，2010）。老字号的传承在市场变化的驱动下就会求变，创新同样在品牌文化传承和企业战略一致的约束中求不变。一味地传承或创新，偏离了变或不变的"阴阳"平衡度，老字号老化或不再称之为老字号，传承与创新始终处在"变与不变"的消长区间。

（四）传承与创新相互转化

"重阴必阳，重阳必阴"（黄帝内经·素问·阴阳应象大论），相互对立的阴阳双方在一定条件下可各自向其对立面转化。老字号传承中"不变"的要素在市场变化和技术革新的驱动下必须有所创新或变化，这又改变了其品牌形象，一旦成功得到市场的认可且适应企业的战略目标，"变"的要素就会在后续的品牌管理中进一步被强化，即转化为新的"不变"要素。之所以能够相互转化的原因在于管理活动中阴阳要素两者本身就潜在包含着对立面的因素（周生辉和周轩，2018），通过相互抑制并消除对方的副作用进而产生纠偏增效的作用（周生辉和周轩，2018）。

（五）传承与创新的动态平衡

平衡意指管理活动中对立、互根的阴阳双方配比适宜于事物运动的规律性，经消长、转化后处于有序的运动状态（Li，2012）。管理矛盾的解决不能通过扬弃矛盾的一方实现，它的解决是既定条件和情境下的相对动态平衡状态（颜世富，2012；徐伟等，2020；周生辉和周轩，2018），而一旦条件或情境变化，平衡就会被打破即又陷入矛盾状态，如此反复循环。品牌传承与创新的阴阳平衡是有条件的，在此消彼长、相互转化的反复实践中，传承与创新在既定的条件和情境中实现短暂的平衡，而一旦条件变化，如技术进步和需求变化，平衡就会被打破即又陷入矛盾之中，如此循环反复。

因此，通过阴阳思维和阴阳管理的文献梳理，本书认为：第一，脱离中国传统哲学的本土管理研究只能成为空中楼阁或"夹生饭"（李平，2013），阴阳管理以动态的、辩证的阴阳平衡思维解决管理中的矛盾和冲突问题，往往被企业管理者视为比科学假设和命题更有力和更有价值。但相比于西方管理哲学如管理方格理论，阴阳管理理论不仅在管理悖论研究中并不占有绝对的优势，而且很难用科学的方法进行实证检验和系统的运作，阴阳理论可能会启发但不能指导中国本土的管理研究（Li，2014；2019）。因此，品牌传承与创新悖论应以中国传统哲学阴阳论为主，以西方管理哲学为辅，进而在本土理论构建中实现研究范式的严谨和研究方法的客观。

第二，阴阳管理研究的难点有三方面。一是管理要素如何在阴阳平衡中实现协同或互补，即传承与创新双元性情景化路径问题；二是如何处理传承与创新对立要素之间的取舍和互补关系，即传承与创新双元性平衡阈值问题；三是如何实现对传承与创新要素的相互渗透和转化问题，即传承与创新双元性动态性演化问题。究其原因在于，阴阳管理缺乏一套完善的方法论及其具体可行的操作方法（Li，2019），现有研究多为通过论证或阐释管理活动中的阴阳思维进而构建阴阳管理的情景化概念，或是基于阴阳思维解释管理中的具体现象和问题。因此，品牌双元性管理研究引入自然科学的研究方法势在必行，本书利用定性比较研究法（QCA）构建和解决具体问题，也唯有如此，阴阳思维才能在品牌管理中被普遍认同和广泛应用。

第三，挖掘阴阳管理的情境化研究。管理活动中的"对象""地点""时间""为何"等具体情境性元素不同，阴阳管理的实施与效果也就存在差异，据笔者目力所及，现有研究尚缺少情景化作用的探讨。中国的管理研究重点是关注情境化研究，应基于中国社会文化情境构建本土管理理论和方法，根据研究目的采取理论和实践二者跨界兼顾的知行合一式研究（彭贺，2007；李平等，2018）。因此，本书利用定性研究比较法（QCA）构建老字号品牌传承与创新的品牌双元性构型，通过老字号传承或创新的缺失探讨老字号情境化的路径实现，并提出老字号品牌发展的情景化模式。唯有如此，扎根于本土哲学的老字号品牌双元性研究才能真正解释和解决中国本土老字号发展的具体现象和问题。

第三章

老字号品牌传承的路径实现

研究通过 426 份消费者问卷数据和 97 份企业问卷数据，采用模糊集定性比较分析方法构建老字号品牌绩效实现的品牌传承构型，揭示和探讨老字号品牌的传承路径和模式。研究发现：高品牌绩效的实现主要体现为分别以民族性和独特为主线的两种"殊途同归"的传承路径构型，诚挚在其中均起关键作用；长寿在品牌绩效提升中的作用不可忽视，它的缺失会导致低品牌绩效。由此针对性地提出以民族性为主线、强调诚挚的文脉型发展模式以及以独特为主线、强调诚挚的真实型发展模式。

第一节　研究背景与问题提出

自商务部等 16 部委于 2017 年 2 月联合印发《关于促进老字号改革创新发展的指导意见》以来，老字号企业在产品、工艺、市场和商业模式等领域的创新效果显著（徐伟等，2020）。但在老字号创新环境持续优化的同时，部分老字号企业在盲目创新和快速发展中却迷失了自我。老字号产品缺乏特色，低质高价，服务态度差，热衷跨界多元性，盲目新零售等。不难发现，诸如此类的老字号在激烈的商业竞争和利益诱惑下忽略了坚守与传承，失去了老字号的固有精髓。老字号是在中华民族数百年商业和手工业竞争中留下的物质和精神财富，延续着传统的产品、工艺、精神和文化，这是老字号之所以被称为"老"的根本。而在实际经营和管理过程中，部分老字号企业遗失传承要素，或传承战略和措施实施不到位，老字号传承陷入了新的困惑，即如何传承。

品牌传承已引起了企业界和学术界的重点关注，研究主要集中在品牌遗产和品牌真实性两个方面（Wuestefeld et al.，2012；Urde et al.，2007；Wiedmann et al.，2011；许晖等，2018），聚焦品牌传承的要素及其影响品牌绩效的机理，认为品牌传承是多种传承要素并存且相互作用的复杂过程。然而遗憾的是，现有研究在解决老字号品牌传承困境的问题上存在两个重要的缺口：一是在研究内容上，学术界主要关注品牌传承的要素，但传承哪些要素？如何进行传承？不同的传承要素如何协同组合以发挥最优功效？现有研究并未展开系统探讨。二是在研究方法上，现有研究主要采用以线性因果关系为基础的研究方法，如扎根理论、案例研究等质性研究方法，以及结构方程模型、多层线性回归等量化研究方法。但传统的定性研究和定量研究并没有解决传承要素的多重并发问题，无法揭示传承各要素并存、对立和多方交互对品牌绩效的影响，因此，本章的研究问题由此而生：（1）老字号传承什么？即有哪些传承要素？（2）老字号传承要素的多重并发组合是什么？（3）这些传承要素如何影响品牌绩效？

为此，本章做了以下工作：首先，归纳和提炼影响老字号品牌绩效的老字号传承要素，构建传承路径概念、逻辑框架。其次，基于企业和消费者视角，运用模糊集定性比较分析方法（fsQCA）构建引致老字号高低品牌绩效的传承构型组合。最后，归纳和阐释"殊途同归"的老字号品牌传承路径，揭示老字号品牌传承路径实现的内在机理。本章的研究结论不仅拓展了长期品牌管理的研究空间，丰富了品牌传承的研究文献，而且为老字号企业的品牌传承实践提供重要的参考和指导。

第二节　文献综述与研究框架

一、品牌传承

老字号"功在传承"，不传承将失去老，而不再被称为老字号，品牌传承是老字号的历史和现实使命。品牌传承旨在保持品牌遗产和维系品牌真实性，即通过向消费者传承一致的品牌形象，维系品牌的不变性（Keller，1993）。在动态变化的市场环境和高风险的购买决策情境下，具有较好传承能力的品牌能够为消费者提供真实可信的品牌体验（Gilmore and Pine，2007），消费者感知的品牌风险更低，因此，愿意为此付出更高的代价（Wiedmann et al.，2011）。而具有较好传承的品牌增加了品牌的一致性（徐伟等，2020），给人感觉该品牌更加可靠和可信（Wuestefeld et al.，2012），促进消费者对品牌的依恋，帮助消费者与该品牌形成持久的品牌关系（Wuestefeld et al.，2012；Urde et al.，2007；Merchant et al.，2013）。据笔者目力所及，现有品牌传承影响与作用的研究主要集中在品牌遗产和品牌真实性两个领域。

品牌遗产包含有品牌的历史记录、长寿性、核心价值以及符号的使用（Urde et al.，2007），国内外学者的研究普遍表明，品牌遗产是品牌资产的重要来源，并对消费者的行为和意向有显著影响（He and Balmer，2006；Balmer and Chen，2015；Balmer and Chen，2016）。如阿克（Aaker，1996）认为，品牌创立的时间影响消费者的品牌熟悉度，即消费者更容易在同类产品中辨识出创立时间较早的品牌；阿尔巴（Alba，1987）指出，品牌存续的时间越长，消费者通过长期接触对品牌的信息加工就越深入，进而加深品牌在心目中的印象；凯勒（Keller，1993）指出，如若消费者在头脑中对品牌文化有着鲜明的认知，就会产生基于消费者的品牌权益，因此，记忆中的品牌文化是影响消费者消费态度和行为的重要因素。具体来说，对消费者而言，有传承的品牌更具吸引力，世代传承下来的品牌有着长寿与可持续性的特征，是该品牌核心价值、性能可靠性和真实性的有形证明（Urde，2007）。莉等（Leigh et al.，2006）则指出，长寿性增加了消费者的归属感和价值感（Leigh et al.，2006）。另外，品牌遗产不仅包含品牌的过去，还包括品牌的现状和未来（Wiedmann et al.，2011；Wuestefeld et al.，2012），丰富的品牌遗产是消费者获取意义和品牌信息的重要来源（Loveland et al.，2010），增加了品牌的真实性和品牌的深度，也便于消费者通过传承从过去中寻找慰藉（Hakala et al.，2011）。对企业而言，品牌遗产有助于维系其独特性和差异性，能够帮助企业形成差异化的战略资源（Urde et al.，2007；Balmer，

2015）；而持续的品牌积累和市场表现易于传递品牌的信心和稳定性（Haka-la et al.，2011），帮助企业打造积极的品牌形象和强大的品牌信誉，最终引致更强的品牌绩效（Balmer，2015；徐伟等，2017）。巴尔莫（Balmer，2015）认为，品牌遗产的历史积累和市场表现是企业独有的竞争力，是其他企业不能轻易模仿的，品牌遗产为企业今后的发展提供理论上的指导，促使企业保持其自身的独特性和差异性。针对本土老字号品牌遗产影响的研究中，王静一（2011）指出，具有长寿性的老品牌更容易取得消费者的信任，并显著影响消费者的购买意向；马超越（2014）基于 S－O－R 模型和线索理论认为，长寿性、原产地形象通过品牌信任影响消费者的购买意愿；郭彦（2017）通过扎根理论构建了怀旧文化的维度，并通过消费者感知价值体验和消费者感知关系再续的作用，最终提升老字号的品牌资产；何佳讯和李耀（2006）则指出，老字号通过利用旧元素传承历史文化，能够增强品牌与消费者的情感联结。

品牌真实性是老字号的核心价值和获取竞争优势的关键要素，近年来引起国内外学者的广泛关注（Beverland and Luxton，2005；徐伟等，2015；许晖等，2018）。品牌真实性是消费者对品牌纯正性的主观评价，其中纯正性是对品牌的真诚、工艺、质量、设计、文化象征等要素独特性和一致性的感知（Napoli et al.，2014）。国内外大量研究表明，真实性有助于消费者通过了解品牌的外在特征和内部属性获取消费者认同（Beverland and Luxton，2005；Morhart et al.，2015），通过展示个性化、一致性和持续性的品牌能力赢得消费者的信任（Schallehn et al.，2014），进而提升消费者的购买意向（Napoli et al.，2014）。老字号真实性是"消费者对老字号现客体或自我主体展示老字号原物程度的感知"（徐伟等，2015），是老字号主要的传承要素和判断传承效果的重要指标（徐伟等，2015）。学者研究表明，老字号真实性通过消费者的品牌体验提升老字号品牌权益（徐伟等，2017），通过品牌认同的完全中介作用提升消费者正向口碑传播的意向（徐伟和冯林燕，2017），能够降低消费者的负面口碑，并通过正向影响正面口碑传播，进而提升消费者的购买意向（王新新等，2019），通过激发消费者的品牌联想和品牌认同，正向影响老字号品牌延伸评价（徐伟和汤筱晓，2020）。另外，许晖等（2018）采用跨案例的研究方法指出，品牌真实性在老字号传承和重塑中的重要性，并基于品牌真实性视角提出强调强化品牌精髓、强调品牌正宗性以及突出原产地和产品原创性的防御型品牌活化模式，以及强调承诺产品质量、挖掘品牌特质、突出品牌历史以及强调原产地的创业型品牌活化模式。

然而遗憾的是，虽然老字号品牌传承的研究成果丰硕，但现有研究主要关注老字号品牌传承的重要性、战略、模式等，主要采用定性分析、案例分析法以及结构方程、线性回归等研究方法探究老字号品牌传承的前因以及单项影响，鲜有探究老字号多种传承要素并存、对立和相互影响的机制，从而没有系统地探究和揭示老字号品牌传承的作用机制和影响路径。

二、品牌传承与品牌权益

现有主要文献表明，老字号的传承需做好品牌的长寿、独特、可信和诚挚，它们能够有效提升老字号的品牌绩效（Bruhn et al.，2012；Schallehn，2014；徐伟等，2020；吴小凤等，2022）。商务部印发的《中华老字号认定管理办法》明确指出，中华老字号是指"历史悠久，拥有世代传承的产品、技艺或服务，具有鲜明的中华民族传统文化背景和深厚的文化底蕴，取得社会广泛认同，形成良好信誉的品牌"，其认定清晰地指出了老字号需要传承的要素，并充分体现和尊重了中华民族鲜明的文化属性。基于此，本章在品牌传承文献的基础上分别从长寿、独特、可信、诚挚和民族性界定和衡量老字号的品牌传承。

老字号品牌老化实际上是品牌绩效的贬值或流失，受到消费者认知、企业战略等影响（Lehu，2004）。品牌绩效是解决老字号老化问题的重要指标，体现为品牌给企业带来的持续竞争优势，体现为基于财务视角的品牌资产和基于消费者视角的品牌权益。从财务视角出发，学者认为，品牌绩效体现为企业的财务盈余，而财务增长的程度源于品牌所创造的价值（Worm and Srivastava，2014）。凯勒（Keller，2001）却认为，基于消费者视角的品牌权益是驱动品牌财务绩效增长的关键，研究品牌绩效应基于消费者视角。为探讨消费者和企业对老字号品牌传承的态度和行为，本章拟分别从消费者和企业视角测试老字号品牌绩效以及构建老字号品牌传承路径。

（一）长寿

长寿意指老字号历史悠久，是老字号无可替代的品牌资产和核心价值（Urde，2007）。老字号的"老"传递出存续时间的长久性和持续性等内部线索，以及经历了市场的磨砺和社会的评判等外部线索，根据线索利用理论，这些线索刺激消费者产生品牌生命力强、商业信誉良好、经验丰富、产品和技术成熟等积极的品牌联想，给消费者带来归属感和价值感（Leigh et al.，2006），进而影响消费者的品牌态度和行为（徐伟等，2020；Aaker，1991；王静一和陈增祥，2016）。普瑞亚斯等（Preyas et al.，2008）指出，长寿性作为外部线索能向市场传递公司优良的品质，降低消费者的购买风险进而提升消费者信任度。严莉和涂勇（2010）的品牌SINCE效应也认为，长寿的品牌会使消费者产生品牌可信、质量好、责任感强、声誉好等积极品牌联想。贝维兰德等（Beverland et al.，2008）进一步指出，那些"与过去能够联系起来"的符号型要素呈现了产品及其品牌的真实发展，增强了它们的权威性，进而提升了消费者对它们的形象认知。同时，长寿本身具有较好的价值传递，是老字号难以被模仿的核心竞争优势，也是企业优秀业绩的信号之一（Desai et al.，2008）。因此，长寿是老字号品牌绩效的前因之一。

（二）独特

独特是指老字号品牌与众不同。学者的研究表明，独特的品牌要素便于消费者识别和形成鲜明的品牌个性，通过激发消费者积极的品牌联想，提升品牌信任和购买意向（Napoli et al.，2014；Schallehn et al.，2014；朱丽叶，2008）。老字号的独特性体现在招牌、对联、产品、技艺、品牌故事等品牌要素上（朱丽叶，2008），而品牌名称、产地、宣传口号、经营理念等品牌元素因其文化内涵显现出独特性，这些独特性的品牌要素是老字号难以模仿的排他性特征，是判断老字号是否真实的内部线索（徐伟等，2015）。比尔基和内斯（Bilkey and Nes，1982）也指出，产地、原料、生产者等品牌要素的独特性帮助形成特有的品牌形象，进而影响消费者对产品的评价和购买行为。因此，具有独特性的品牌能够增加品牌深度和消费者的真实性感知，通过提供独特的品牌体验给消费者带来特别的价值感（Leigh et al.，2006），进而有助于提升老字号品牌资产（徐伟等，2017）。

（三）可信

可信意指老字号品牌是值得信赖的，如品牌质量可靠、承诺可信、理念清晰等（Napoli et al.，2014；Shcallehn et al.，2014）。可信体现在能够赢得消费者信任的品牌要素中，如企业核心价值主导老字号的企业哲学，可信的承诺增强了品牌的权威性，可靠的质量降低消费者购买的风险，清晰的理念有助于维系老字号与消费者之间的要约关系，徐伟等（2015）视其为老字号品牌的原真实性特征。原真实体现出老字号实现其核心价值、理念、承诺、使命等品牌本质的意愿和能力，它不仅是企业价值的主体部分，而且可以帮助消费者清晰地识别老字号的品牌个性，降低消费者的购买风险，并显著提升消费者的品牌归属感和口碑传播意向（徐伟等，2017），有助于提升消费者的品牌信任感和品牌依恋（Schallehn et al.，2014；Morhart et al.，2015）。

（四）诚挚

诚挚是指老字号能够全时性地履行品牌可信性要素的行为和能力，体现为"所做的"，即做到"言行一致"（徐伟等，2016；Balmer，2013）。诚挚的品牌能够在每一个品牌接触点上始终履行和实现其品牌本质，增加消费者的品牌体验和为消费者提供更多价值（Eggers et al.，2013）。诚挚也是品牌真实性的重要驱动因素（Napoli et al.，2014），诚挚的品牌能够持之以恒地在不同的品牌接触点实现其承诺，积极向外界传递该品牌实现其承诺、理念、信条等的动机和行为，由此产生较强的品牌能力（Schallehn et al.，2014）。而品牌能力是品牌实现其承诺的技能，是消费者产生信任的关键（Delgado-Ballester et al.，2003）。因此，学者普遍认为，品牌言行一致即品牌的诚挚性，能够显著地提升消费者的品牌信任及其购买意向，并有助于维系与消费者之间的长期品牌关系（Bruhn et al.，2012；Schallehn et al.，2014）。

（五）民族性

民族性是指老字号品牌拥有民族的文化观、价值观、民风民俗等多种印记。老字号并非简单意义上的品牌，更多地呈现为民族情感和文化的载体，老字号蕴含的深厚历史底蕴和传统文化是其区别于其他新兴品牌的本质特征。一方面，富含民族性的老字号蕴含中华民族悠久的历史文化，"文化自信"的时代背景下极易唤醒本土消费者的民族自信心和自豪感，易于得到消费者的认同；另一方面，老字号的民族性能够激发基于自豪感的国货意识，进而激发本土消费者对老字号的品牌偏好（庄贵军等，2006）。本土消费需求已脱离物质层次而更多地延伸至精神层面，富有民族性的老字号通过能够唤醒消费者的怀旧倾向，进而增加消费者对老字号的质量信赖和激发消费者的品牌偏好（张艳，2013）；另外，民族性影响消费者从原产地视角对产品的评价（Heslop et al.，2008；Čutura，2012），老字号越是民族的越被视为是真实的（徐伟等，2015），进而积极影响产品形象和消费者的购买意向（Park et al.，2016）。

老字号企业的品牌传承并非单一传承要素的独立实施，品牌传承是品牌长寿、独特、可信、诚挚和民族性等部分或全部传承要素并存与相互作用的复杂过程，六大品牌传承要素间的并存与相互作用引致老字号品牌绩效的提升，具体影响逻辑如图3－1所示。

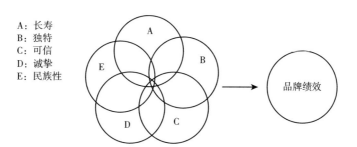

A：长寿
B：独特
C：可信
D：诚挚
E：民族性

图3－1　老字号品牌传承路径组合逻辑

第三节　研究设计

一、研究样本

本研究通过两种途径获取研究数据。一是通过网络数据平台在全国范围内发放面向消费者的网络问卷 700 份，邀请被试根据自己熟悉的老字号品牌填制问卷信息，所涉及的品牌分布在食品加工、酒类、工艺美术、医药、餐饮零售等老字号行业。剔除所答品牌非老字号的无效问卷后①，共回收有效问卷 426 份，问卷有效回收率为 60.86%，该途径数据被用于消费者视角的品牌传承路径分析。其中，男性样本 219 份，占比 51.41%；女性样本 207 份，占比 48.59%；20 岁及以下的样本 59 份，占比 13.85%；21~40 岁的样本 243 份，占比 57.04%；40 岁及以上样本 124 份，占比 29.11%，如表 3-1 所示。二是在某省属重点高校"消费者行为研究中心"的协助下，通过邮件形式分别向消费者视角问卷中所涉及的所有老字号企业部分部门负责人发放问卷 400 份，共得到 95 家老字号企业的反馈，回收有效问卷 97 份，问卷有效回收率 24.25%，该途径数据被用于企业视角品牌传承路径的检验分析。

表 3-1　　　　　　　　消费者样本特征（N=426）

年龄	有效问卷（份）	百分比（%）	行业分布	有效问卷（份）	百分比（%）	性别	有效问卷（份）	百分比（%）
20 岁及以下	59	13.85	食品加工	182	42.72	男	219	51.41
21~40 岁	243	57.04	酒类	124	29.11	女	207	48.59
40 岁及以上	124	29.11	餐饮零售	71	16.67			
			工艺美术	34	7.98			
			医药	15	3.52			

资料来源：作者根据本章内容整理而得。下同。

二、研究方法

为构建品牌传承路径，本书采用模糊集定性比较分析研究方法（fsQCA）。之所以采用这一方法，一是因为品牌传承路径不是单一要素独立作用的结果，而是多个品牌传承要素之间复杂的共同作用，基于量化思维和融合

_____

① 经作者查询和统计，共计 28 个省份出台老字号认定或振兴文件，其中"海南老字号"认定条件中关于品牌创立时间的年限最短为 20 年。因此，本书以 20 年品牌存续期作为标准剔除非老字号品牌的无效样本。

定性思维的模糊集定性比较分析方法则能够研究多个要素的联结作用（李永发，2020）；二是因为老字号品牌传承与品牌绩效的因果关系并非都是对称的，如不同路径中存在或缺失独特性都可能提升品牌绩效，模糊集定性比较分析法（fsQCA）能够处理传统研究方法无法解决的因果变量间的非对称关系；三是模糊集定性比较分析法（fsQCA）以布尔函数运算为基础，分析结果的稳健性取决于个体样本的代表性，而与样本大小无关，因此，更适用于本研究的小样本分析。

三、构念测量和赋值

本章研究分别设计消费者和企业层面两种形式的调查问卷，两者的区别在于品牌传承量表的表述以及品牌绩效量表的测量有所差异。本章主要变量的测量均采用成熟量表，并通过 Likert 七分制测量获取。为确保调查问卷的内容效度，本章邀请三位市场营销和品牌管理领域的学者对问卷内容进行评估和修正，再分别通过 20 位某高校硕士研究生和 4 家"安徽老字号"企业的 8 位管理者对修正后的初始问卷进行预测试，得到反馈并再次修正后，分别形成消费者层面和企业层面的正式问卷。

（一）老字号传承

长寿的测量借鉴了维德曼等（Wiedmann et al.，2011）的研究，包括"与其他品牌比较，该品牌历史悠久""该品牌起步发展较早"等三个指标测项。独特的测量借鉴了布鲁恩等（Bruhn et al.，2012）的量表，包括"该品牌/产品是独一无二的""该品牌/产品与其他品牌/产品明显不同"等四个指标测项。可信的测量采用了沙勒恩等（Schallehn et al.，2014）的量表，包括"该品牌有持续追求的明确理念""该品牌承诺有清晰的指导思想"等四个指标测项。诚挚的测量借鉴了布鲁恩等（Bruhn et al.，2012）和纳波利等（Napoli et al.，2014）的量表，包括"该品牌一直说话算话""该品牌坚守了原则"等四个指标测项。民族性的测量借鉴了维德曼等（WIiedmann et al.，2011）和纳波利等（Napoli et al.，2014）的量表，通过"该品牌具有丰富的文化内涵""该品牌象征着一种中国传统文化"等五个指标测项。

（二）品牌绩效

消费者视角的品牌绩效测量借鉴了鲍姆加特和施密特（Baumgarth and Schmidt，2010）以及金和玄（Kim and Hyun，2011）的量表，通过"我愿意将公司的品牌推荐给其他人""我愿意和该品牌维持长期的合作关系"等四个指标测项，该量表已由张婧和邓卉（2013）在中国情境下施测。企业视角的品牌绩效量表借鉴鲍姆加特和施密特（Baumgarth and Schmidt，2010）的研究，通过"我们已经在目标市场建立了很高的品牌知名度""我们已经建立了卓越的品牌声誉"等四个指标测项，该量表已由黄磊和吴朝彦（2017）在中国情境下施测。

分别计算各测项均值得到各变量得分，分别将最大值设定为完全隶属成员，最小值为完全不隶属成员，均值设置为分界线，然后利用 fsQCA3.0 统计软件的"Calibraete"分别将变量值转化为 0~1 的模糊得分。另外，针对低品牌绩效，将最低值设定为完全隶属成员，最高值设定为完全不隶属成员，平均值仍设定为分界线。因此，通过这三个阈值的设定，利用 fsQCA3.0 统计软件将这些变量值转化为 0~1 的模糊得分，赋值标准与阈值如表 3-2 所示。

表 3-2　　　　　　　　　各变量阈值汇总

构念	阈值					
	基于消费者层面			基于企业层面		
	完全不隶属	分界线	完全隶属	完全不隶属	分界线	完全隶属
独特	2.000	5.293	7.000	2.250	5.230	7.000
可信	1.000	5.527	7.000	1.000	5.580	7.000
诚挚	1.000	5.469	7.000	1.000	5.580	7.000
民族性	1.400	5.419	7.000	1.400	5.410	7.000
长寿	2.000	5.662	7.000	2.330	5.790	7.000
高品牌绩效	1.000	5.063	7.000	1.250	5.090	7.000
低品牌绩效	7.000	5.063	1.000	7.000	5.090	7.000

四、测量信度和效度

因企业层面 97 份企业样本量的限制，本章利用 SPSS25.0 和 AMOS21.0

软件仅从消费者层面测试各变量测量的信度和效度。探索性因子分析显示，KMO 统计量为 0.933，并在 0.001 显著水平下通过检验。品牌传承五大变量的 *Cronbach's α* 值均大于 0.6，表明各变量的内部一致性均是可以接受的。验证性因子分析显示（见表 3 - 3），包含品牌绩效在内的六因子模型具有较好的拟合优度（$RMSEA = 0.043$，$\chi^2/df = 1.464$，$CFI = 0.961$），各变量的标准化因子载荷值均大于 0.6，且组合信度值（*CR* 值）大于 0.7，表明量表具有较好的收敛效度（Fornell and Larcker，1981）。各变量的平均提取方差值（*AVE* 值）的平方根均大于其与其他变量的相关系数（见表 3 - 4），表明该量表具有较好的区分效度。另外，表 3 - 4 中的相关系数初步显示，长寿、独特、可信、诚挚和民族性与品牌绩效分别呈显著正相关关系，表明五大传承要素正向影响品牌绩效在数据上得到了初步验证。

表 3 - 3　消费者层面老字号传承变量与品牌绩效变量的信度与效度分析

构念	指标题项	因子载荷	*Cronbach's α*	*CR*	*AVE*
长寿	该品牌具有相对持续稳定性	0.672 ***	0.670	0.820	0.605
	该品牌起步发展较早	0.820 ***			
	与其他品牌比较，该品牌历史悠久	0.831 ***			
独特	该品牌/产品与众不同	0.791 ***	0.807	0.875	0.638
	该品牌/产品出类拔萃	0.768 ***			
	该品牌/产品是独一无二的	0.794 ***			
	该品牌/产品与其他品牌/产品明显不同	0.839 ***			
可信	该品牌的承诺是可信的	0.807 ***	0.778	0.858	0.601
	该品牌做出了可靠的承诺	0.796 ***			
	该品牌有持续追求的明确理念	0.742 ***			
	该品牌承诺有清晰的指导思想	0.754 ***			
诚挚	该品牌保持了真我	0.776 ***	0.886	0.790	0.661
	该品牌信守承诺	0.820 ***			
	该品牌一直说话算话	0.816 ***			
	该品牌坚守了原则	0.839 ***			

续表

构念	指标题项	因子载荷	Cronbach's α	CR	AVE
民族性	该品牌具有丰富的文化内涵	0.675 ***	0.770	0.845	0.522
	该品牌象征着一种中国传统文化	0.750 ***			
	该品牌的产品是国家财富的一部分	0.736 ***			
	该品牌为其他品牌树立了价值标准	0.749 ***			
	该品牌与历史时期、文化和/或特定地区有很强的联系	0.700 ***			
品牌绩效	我愿意花更高的价格购买该品牌	0.751 ***	0.799	0.871	0.628
	我愿意以后继续与该企业交易	0.830 ***			
	我愿意将公司的品牌推荐给其他人	0.766 ***			
	我愿意和该品牌维持长期的合作关系	0.820 ***			

注：*** 表示 $P < 0.01$，CR 表示组合信度，AVE 表示平均提取方差值。

表 3 – 4　　　　　消费者层面各变量的 AVE 值与相关系数

序号	构念	独特	可信	诚挚	民族性	长寿	品牌绩效
1	独特	0.799					
2	可信	0.554 ***	0.775				
3	诚挚	0.495 ***	0.738 ***	0.813			
4	民族性	0.517 ***	0.553 ***	0.561 ***	0.722		
5	长寿	0.370 ***	0.403 ***	0.407 ***	0.560 ***	0.778	
6	品牌绩效	0.482 ***	0.555 ***	0.556 ***	0.517 ***	0.417 ***	0.792

注：*** 表示 $P < 0.01$，对角线值为 AVE 值的平方根。

第四节　数据分析与结果

一、前因变量的充分性和必要性分析

首先，对单个前因变量是否为结果变量的充分性一致率（consistency）和必要性覆盖率（coverage）进行检验。如表 3 – 5 所示，消费者层面和企业层面的所有单项前因变量影响高低品牌绩效的一致性和覆盖率均未超过 0.9，表明所有单个前因变量的存在并不是引致结果变量的充分必要条件（Douglas et al.，2020），单个变量对结果变量的实现解释力较弱，即单个传承要素的存在并不是引致老字号高低品牌绩效的充分必要条件。因此，有必要进一步探讨这些前因变量，即老字号品牌传承变量的组合构型对结果变量的影响。

表 3 - 5　　　　　　　　前因变量的充分性和必要性检验

前因变量	消费者层面				企业层面			
	高品牌绩效		低品牌绩效		高品牌绩效		低品牌绩效	
	充分性一致率	必要性覆盖率	充分性一致率	必要性覆盖率	充分性一致率	必要性覆盖率	充分性一致率	必要性覆盖率
长寿	0.834	0.800	0.753	0.551	0.837	0.786	0.768	0.564
～长寿	0.532	0.739	0.726	0.769	0.536	0.747	0.708	0.773
独特	0.826	0.831	0.708	0.543	0.822	0.835	0.691	0.550
～独特	0.546	0.711	0.780	0.773	0.557	0.698	0.792	0.777
可信	0.869	0.839	0.759	0.558	0.890	0.833	0.768	0.563
～可信	0.542	0.747	0.781	0.819	0.533	0.746	0.772	0.846
诚挚	0.862	0.830	0.754	0.553	0.866	0.809	0.786	0.574
～诚挚	0.536	0.741	0.769	0.809	0.544	0.764	0.738	0.812
民族性	0.848	0.823	0.733	0.542	0.854	0.808	0.737	0.545
～民族性	0.528	0.722	0.760	0.793	0.519	0.716	0.741	0.799

注："～"是指逻辑非，表示前因变量要素为"全出"（full-out）时的情况。

二、消费者层面老字号品牌传承构型

将长寿、独特、可信、诚挚和民族性作为前因变量，并将品牌绩效作为结果变量共同纳入模糊集定性比较分析法（fsQCA）变量中，本章分别构建出老字号高低品牌绩效实现的品牌传承构型组合。

（一）高品牌绩效实现的品牌传承构型

为剔除出现频率太低而不具有普遍性和代表性的构型组合，本章将频数阈值设置为8，一致性阈值设置为0.8。经过简单和困难的反事实分析，模糊集定性比较分析法（fsQCA）构建的组态条件数量最少，从而得到简约解（parsimonious solution），出现在简约解中的条件被界定为构型组合的核心条件；只考虑简单的反事实分析，利用模糊集定性比较分析法（fsQCA）构建中间解（intermediate solution），出现在中间解中的条件被界定为构型组合的辅助要素。结合简约解和中间解，本章通过对 426 份消费者问卷数据的模糊集定性比较分析法（fsQCA）的结果如表 3-6 所示，解的一致率为 0.876，大于 0.8 的阈值，解的覆盖率为 0.812，研究发现，高品牌绩效实现的品牌传承呈现出 5 条不同的路径，即 CHa1、CHa2、CHa3、CHb1 和 CHb2，证明了老字号品牌传承构型"殊途同归"的重要特性。

表 3-6　　　　　　基于消费者层面老字号品牌传承路径构型

构型	高品牌绩效					低品牌绩效		
	CHa			CHb		CLa	CLb	
	CHa1	CHa2	CHa3	CHb1	CHb2		CLb1	CLb2
长寿	•	•	◦	◦	•		◦	◦
独特		•	◦	●	●	○		◦
可信	•		◦	◦				•
诚挚	●	●	◦	◦	●	○	◦	
民族性	●	●	●			○		◦
原始覆盖率	0.712	0.679	0.324	0.327	0.686	0.599	0.493	0.480
独特覆盖率	0.033	0.014	0.010	0.013	0.013	0.143	0.043	0.032
一致率	0.937	0.940	0.913	0.912	0.947	0.906	0.886	0.903
解的覆盖率		0.812					0.712	
解的一致率		0.876					0.870	

注：●代表核心因果性条件存在；○代表核心因果性条件缺失；•代表辅助因果性条件存在；◦代表辅助因果性条件缺失；"空白"表示构型中该条件可存在、可不存在。

进一步分析发现，在传承要素并存与交互的复杂作用下，高品牌绩效实现的品牌传承构型呈现两种主要类型，即强调民族性的 CHa 构型和强调独特性的 CHb 构型。具体而言，前者以民族性作为核心因果性条件存在引致高品牌绩效，而后者强调独特作为核心因果性条件存在引致高品牌绩效。在 CHa 构型中，路径 CHa3 表现为其他传承变量作为辅助因果性条件缺失；路径 CHa1 表现为独特可有可无，但需要其他传承要素的支持；路径 CHa2 表现为可信、可有可无，而依靠其他传承要素的存在，进而引致高品牌绩效；其中诚挚在 CHa1 和 CHa2 中均作为核心因果性条件存在。可以看出，在其他品牌传承变量全部缺失或部分存在的情况下，富有民族性的老字号均可实现高品牌绩效。因此，第一种实现高品牌绩效的品牌传承构型为：

类型一：老字号品牌通过民族性实现高品牌绩效（CHa）；对于实施其他品牌传承要素的老字号企业则还应重视诚挚（CHa1、CHa2）。

在 CHb 构型中，CHb1 路径表现为在长寿、可信和诚挚缺失的情况下老字号可通过独特引致高品牌绩效；CHb2 路径则表明在民族性可有可无的情况下，做好其余四种传承也可引致高品牌绩效，尤其应重视独特和诚挚。可以看出，在其他品牌传承变量全部缺失或部分存在的情况下，老字号的独特能够引致高品牌绩效。

因此，第二种实现高品牌绩效的品牌传承构型为：

类型二：老字号品牌通过独特实现高品牌绩效（CHb）；对于实施其他品牌传承要素的老字号企业还应重视诚挚（CHb2）。

（二）低品牌绩效实现的品牌传承构型

fsQCA3.0 统计软件的计算结果显示（见表 3-6），引致低品牌绩效的品牌传承路径有三条，呈现出两种主要构型：在独特和诚挚作为核心要素缺失的情景下，缺失民族性会导致低品牌绩效（CLa）；在民族性和长寿作为核心要素缺失的情景下，即使存在可信，缺失诚挚（CLb1）或缺失独特（CLb2）也会导致低品牌绩效。

进一步对比引致高低品牌绩效的老字号品牌传承构型，研究发现：第一，民族性是实现高品牌绩效的必要条件。民族性在 CHa 构型中既作为核心因果性条件存在，又在 CLb 和 CLa 构型中分别作为核心因果性条件缺失和辅助因果性条件缺失。这表明民族性在老字号传承中不可缺失，也进一步证实了帕克等（Park et al.，2016）关于民族性会刺激消费者购买意向和行为的观点，验证了商务部关于中华老字号认定中强调民族性的认定标准。第二，独特在实现高品牌绩效的过程中起到至关重要的作用。如在 CHb 和 CHa2 构型中作为核心因果性条件存在，而在 CLa 中又作为核心因果性条件缺失。因此，独特对老字号品牌绩效具有积极的正向影响，这也进一步验证了纳波利等（Napoli et al.，2014）和徐伟等（2017）的发现，即独特的老字号才被视为真实的，独特有助于提升老字号的品牌绩效。第三，老字号在高品牌绩效的实现中更应该强调诚挚而非可信。诚挚在三条高品牌绩效实现的路径中均作为核心因果性条件存在，在低品牌绩效实现的 CLa 路径中又作为核心因果性条件缺失，是老字号高品牌绩效实现的关键前因条件。另外，可信在对应的高品牌绩效实现路径中或作为辅助因果性条件存在（CHa1 和 CHb2）或可有可无（CHa2），同时在导致低品牌绩效的 CLb 路径中又作为辅助因果性条件存在，这充分表明"言行相诡"并非老字号的经营哲学，品牌的成长应重视诚挚（Napoli et al.，2014；徐伟等，2016）。第四，长寿在高品牌绩效的实现中均作为辅助因果性条件存在或缺失，而在导致低品牌绩效的三条路径中或作为核心因果性条件缺失或也可作为可不存在条件，表明长寿并非引致高品牌绩效的必要条件，但缺失长寿则会导致低品牌绩效，这也进一步证实了长寿是老字号不可替代的品牌传承要素（Urde，2007；王静一和陈增祥，2016），缺失长寿的老字号不易得到消费者的认可。

三、基于企业层面品牌传承构型的检验

利用 97 份企业层面问卷数据对品牌传承构型做验证性分析。研究结果如表 3 - 7 显示，高品牌绩效实现的品牌传承构型主要体现为以诚挚为核心因果性条件存在的 BHa 构型和以独特为核心因果性条件存在的 BHb 构型，同时路径 BLa 强调民族性作为核心因果性条件缺失会导致低品牌绩效，研究结果基本验证了消费者层面分别以独特、民族性和诚挚为核心因果性条件存在的老字号传承路径。另外，相较于消费者层面长寿的独特作用，企业层面并未强调长寿在高低品牌绩效实现中的影响，表明老字号企业自身可能更注重老字号创新，企业层面的老字号寿命周期可能较短。

表 3 - 7　　　　　　基于企业层面老字号品牌绩效传承路径构型

构型	高品牌绩效					低品牌绩效	
	BHa			BHb		BLa	BLb
	BHa1	BHa2	BHa3	BHb1	BHb2		
长寿		○	○	●	○		●
独特	●		○	●	●	○	●
可信		•	○	•	○	○	○

续表

构型	高品牌绩效					低品牌绩效	
	BHa			BHb		BLa	BLb
	BHa1	BHa2	BHa3	BHb1	BHb2		
诚挚	●	●	●		○	○	•
民族性	•	•	○	•	○	○	•
原始覆盖率	0.718	0.472	0.304	0.688	0.300	0.547	0.487
独特覆盖率	0.019	0.017	0.008	0.011	0.010	0.198	0.138
一致率	0.932	0.945	0.907	0.952	0.961	0.932	0.863
解的覆盖率	0.785					0.685	
解的一致率	0.879					0.875	

注：●代表核心因果性条件存在；○代表核心因果性条件缺失；•代表辅助因果性条件存在；○代表辅助因果性条件缺失；"空白"表示构型中该条件可存在、可不存在。

第五节　研究小结与不足

一、研究小结

本研究从系统、全面的视角探讨老字号传承要素对品牌绩效的复杂动态作用过程，采用模糊集定性比较分析法构建多个要素协同作用的路径机制，通过对 426 份消费者问卷数据和 97 份企业问卷数据的实证研究，获得了一些有价值的发现。

（1）高品牌绩效的实现主要有分别以民族性和独特为主线的两种品牌传承构型。第一，通过民族性实现老字号高品牌绩效（CHa），同时还应做好老字号的诚挚、可信与长寿（CHa1）或做好老字号诚挚、独特和长寿（CHa2）。第二，通过独特实现老字号高品牌绩效（CHb），同时要做好老字号的诚挚、可信和长寿（CHb2）。研究结果表明，民族性和独特分别是老字号品牌传承的两条主线，老字号通过"殊途同归"的两种类型的传承路径组合实现高品牌绩效即老字号的成长。研究结论较好地揭示了老字号的品牌传承路径，表明传承路径是多种传承要素并存、互动、多方交互的非线性关系，这为传承路径的研究提供了全新理论视角。

（2）诚挚是老字号高品牌绩效实现的关键前因条件。诚挚在以独特和民族性为主线的两种构型中均起关键作用，验证了诚挚显著提升消费者的品牌态度和行为的观点（Schallehn et al.，2014）。研究结果显示，民族性和独特虽是传承的主线，但传承路径的实现更需要持之以恒的履行和实践。这一结果细化了品牌传承路径研究的机理，对老字号的振兴与保护战略提出了挑战，即老字号时刻要"不忘初心"。

（3）长寿在品牌绩效提升中的作用不可忽视。本章发现，消费者重视老字号的长寿，长寿虽不是引致高品牌绩效的必要条件，但它的缺失却是引致低品牌绩效的核心因果性条件。可以看出，长寿是老字号独特的品牌资产和核心价值（Urde，2007），失去长寿，老字号将不再被称为老字号（徐伟，2015）。从长寿视角探讨老字号的传承，研究结果拓展了老字号活化研究的思路，对细化和深入探讨老字号品牌的延续性具有重要启示。

（4）老字号企业传承可采取文脉型发展模式和真实型发展模式。研究结果表明，传承路径并无优劣之分，老字号应根据传承情境的差异和变化针对性地选择和调整传承路径，可采取以民族性为主线、强调诚挚的文脉型发展模式，或者以独特为主线、强调诚挚的真实型发展模式。这对老字号传承的学术研究和本土管理实践具有重要意义。

二、研究不足与展望

本书研究存在一定的局限性和不足。第一，未考虑老字号行业类型的差异。不同行业的老字号品牌在产品类型、消费市场、地域、品牌文化等方面可能存在差异，品牌的传承路径可能有所不同，建议未来研究聚焦具体类型，甚至具体老字号品牌的传承路径研究。第二，未考虑品牌创新在老字号品牌绩效提升中的作用。老字号的振兴"重在传承，胜在创新"，缺失传承或创新的任何一种方式的长期品牌管理研究是不全面和不科学的，未来将研究探讨品牌传承与创新对品牌绩效的协同作用。

| 第四章 |

老字号品牌创新的路径实现

　　品牌创新是老字号长期品牌管理的主要内容，构建老字号品牌创新的路径已经成为学者和业界关注的热点和重点。以中华老字号品牌作为实证研究对象，搜集362份消费者调研数据和25份企业调研数据，通过模糊集定性比较分析法（fsQCA）探讨了老字号品牌绩效实现的品牌创新构型，分析了品牌创新方式的共同作用和相互作用对品牌绩效的影响机制。研究发现，高品牌绩效的实现主要体现为以市场创新和产品创新分别为核心的两条"殊途同归"的创新路径，而完善性商业模式创新在老字号品牌绩效提升中起"保健"作用。进而，针对性地提出积极进取的市场开发、谨慎发展的产品创新和保守稳健的商业模式创新三种品牌发展模式。研究丰富并发展了长期品牌管理研究的相关理论，为老字号企业品牌创新提供具体建议和措施。

第一节　研究背景与问题提出

　　对于处于老化甚至休眠状态的老字号，其管理的核心任务是研究和解决品牌的创新问题（何佳讯等，2007）。为此，2017年商务部印发的《关于促进老字号改革创新发展的指导意见》提出，要加快老字号品牌的改革创新发展，老字号企业也纷纷着力于产品、技术、渠道、市场、价值等形式的创新。例如，大白兔通过跨界延伸、主动"触网"和线下体验等市场与商业模式创新吸引年轻消费者；同仁堂通过变革商业模式和价值再造满足个性化和多元化的消费需求。与此同时，国内外学者也持续关注老字号的长期品牌管理，建议通过品牌活化（许晖等，2018；Keller，2003）、品牌复兴（Lehu，2004）、品牌再定位（Aaker，2012）、品牌跨品类延伸（柯佳宁和王良燕，2021）等解决老字号老化问题。

研究表明，老字号主要通过产品/服务、技术、目标市场、营销沟通、定位、顾客价值、商业模式等方面实现创新（安贺新和李喆，2013；Lehu，2004）。每一个可识别的品牌要素都能成为品牌创新的突破口，但是创新实践中的任何一种方式都无法真正取代另一个品牌要素，老字号品牌创新就是多种创新方式并存与相互作用的复杂过程。老字号"胜在创新"，品牌创新路径对提升老字号品牌绩效意义重大。但遗憾的是，一方面，实践上应该采取哪些创新方式？这些创新方式又如何协同提升品牌绩效？老字号企业仍在不断摸索中。另一方面，理论上，现有研究或是采用扎根理论、案例法等质性研究法探讨老字号品牌创新的作用机理（刘海兵等，2019；许晖等，2008），或是采用结构方程、实验法等量化研究法揭示创新的影响路径（徐伟等，2015），但是若要解释老字号的创新路径，创新方式的独立作用或植入其他变量的交互作用分析是远远不够的，研究必须考虑和能够处理老字号创新多重方式的共存和交互。显然，目前常用的研究方法是无法帮助解决这一问题的。

以安徽省25家中华老字号为实证研究对象，本章采用模糊集定性比较分析法（fsQCA）探讨老字号品牌创新的作用路径，主要解决以下两个方面的问题：首先，老字号的产品、技术、市场和商业模式的创新并非绝对的对立和单向作用，也存在相互补充、互相作用的并存影响机制，因此，本章研究的第一个问题是基于消费者视角利用模糊集定性比较分析法（fsQCA）构建老字号品牌创新构型，并结合从企业视角构建的构型组合进一步比较和分析老字号品牌创新路径组合。其次，不同的创新路径"殊途同归"，老字号应在不同情境下选择相应的创新路径和制定针对性品牌创新模式，因此，本章研究的第二个问题是制定情境性的品牌创新模式。不仅为老字号企业如何实施创新战略提供启示，也为定性比较分析法在营销学科相关领域的运用提供借鉴。

第二节　文献综述与研究框架

一、品牌创新

老字号长期品牌管理包括品牌强化与品牌活化（Kapferer，1992；Keller，1999），前者通过向消费者传递一致性的品牌知识，维系品牌的一致性，后者则是通过改变消费者头脑中的品牌知识以拓展品牌意识以及改变品牌形象。国内外研究表明，品牌活化是解决品牌老化问题和提升品牌绩效的主要手段（何佳讯等，2007；Keller，1999；Thomas and Kohli，2003；徐伟等，2017）。与此类似的概念还有品牌重塑、品牌复兴、品牌重建、品牌再定位等，它们本质上都是强调品牌的创新与变化。

对于老字号品牌创新影响或作用的研究主要聚焦于消费者两个层面。凯勒和阿克（Keller and Aaker，1998）认为，品牌创新的重要性本质上源于消费者态度和行为上的反应，即对消费者的价值或作用。从消费者层面看，品牌创新体现为消费者感知品牌创新，沙姆斯等（Shams et al.，2015）将其界定为"消费者对一个品牌的产品创新，创造力的程度，以及未来在一个既定市场的持续创新活动的潜力的感知"。学者的研究普遍认为，感知品牌创新是影响企业声誉的重要因素，能够正向影响消费者的购买意向、口碑传播和忠诚意向（O'Cass and Carison，2012）。辛克莱和凯勒（Sinclair and Keller，2014）关于品牌价值形成的研究认为，品牌重新定位、扩展品牌架构、改变品牌联想、沟通方式创新等都可以提升企业的品牌资产，影响消费者的品牌意识。在老字号的消费者感知品牌创新影响的研究中，学者普遍认为，消费者感知到老字号品牌价值后，更容易从情感上认可和行为上接受该品牌（Lehu，2004；徐伟等，2016；许晖等，2018）。例如，吕庆华等（2018）认为，消费者尤其是年轻消费者的感知品牌创新有助于激发对老字号品牌的文化认同并产生购买意愿，这也是在老字号老化背景下激活老字号品牌的最重要战略路径。何佳讯等（2007）通过描述性定量分析指出，创新、改变与拓展是老品牌保持年轻态的基本生存之道，是提高老品牌市场竞争力的重要举措。

从企业层面看，王肇和王成荣（2020）基于探讨研发创新与品牌成长之间关系，强调品牌研发创新能够为企业带来先进技术等重要的异质性资源（周泽将和李鼎，2019）。许晖等（2018）整合了老字号企业传承品牌核心价值、开发新产品和更新品牌价值，主张适应市场环境两条品牌活化路径，将企业主体在品牌活化过程中的能动性和主导作用纳入研究框架中，提出了老字号品牌活化概念模型，指出防御型模式、创业型模式、折中型模式和先锋型模式四种品牌活化模式之间存在差异，本质上通过融入品牌创新，实现品牌价值迁移和品牌价值提升。部分学者已关注部分创新要素的交互影响，如维斯耶克等（Visnjic et al.，2016）指出，产品创新和商业模式创新的共同作用显著提升企业绩效；胡保亮（2012）认为，技术创新和商业模式创新的交互作用能够提升企业的利润。尽管老字号品牌创新的研究日益引起学者的关注，但是已有研究都强调老字号品牌创新的重要性、战略、模式等，主要采用定性分析、案例分析及结构方程、线性回归等研究方法，未曾探究老字号品牌创新的作用机制和影响路径。

二、品牌创新与品牌绩效

品牌绩效是指与品牌相关的一系列资产或负债，可以增加企业持久和差别化的竞争优势（Aaker，1991）。而品牌之所以对企业有价值，归根到底在于品牌对消费者有价值，基于消费者视角的品牌权益即品牌绩效，是消费者因其品牌知识引致的对企业营销活动的差别化反应（Keller，1993）。品牌老化本质上则是品牌绩效的贬值或流失，是由于产品、目标市场、企业战略等原因导致的消费者头脑中品牌知识的缺失或模糊（Keller，1993；Lehu，2004）。因此，品牌绩效的提升与维系是解决老字号老化问题的重要指标。创新可以通过求变来更新陈旧的品牌知识，或创建新的品牌知识来源（Keller，1999），旨在通过改变品牌知识改善消费者的品牌态度与行为（Wiedmann et al.，2011），是避免或解决品牌老化和增加品牌绩效的关键变量（何佳讯等，2007；卢泰宏和高辉，2007；许晖等，2018；徐伟等，2017）。基于此，本章分别采用基于消费者视角和企业视角的品牌绩效作为结果变量来衡量老字号品牌创新的效果。

　　为加快老字号的传承发展，商务部 2017 年发布的《关于促进老字号改革创新发展的指导意见》明确建议，老字号企业应做好产品与传统技术创新、经营模式创新、线上线下融合发展、企业产权改革、对接资本市场等，通过利用现代经营管理的理念、方法和技术提升老字号的品牌价值。根据熊彼特（Schumpeter，1934）的创新理论和政府的指导性意见，本研究从产品创新、技术创新、市场创新和商业模式创新四个方面归纳和界定老字号的品牌创新。

　　（一）产品创新与品牌绩效

　　产品样式、设计和颜色过时、专利日益减少等方面的问题是品牌老化的主要原因（Lehu，2004），而具有创新特征的产品能够增加企业增长的机会（Wuyts et al.，2004），产品创新是提升企业绩效的关键变量（黄永春和姚山季，2010）。根据诱导效应理论，消费者对新产品进行相对优势感知，若新产品能带来更多的便利性或低成本，消费者就会产生积极的态度或行为。如奥卡斯和卡尔森（O'Cass and Carison，2012）指出，当感知品牌的产品创新较强时，消费者会更乐意分享其消费经验，即产生积极的口碑传播。布罗迪等（Brodie et al.，2013）的研究也表明，积极的产品创新激发消费者正面的品牌联想，进而正向影响消费者对产品质量的评估，并最终影响消费者的满意度。老字号产品的质量、包装、外形及性能在创新中"如履薄冰"，既不能伤害老字号的原真，又需要在产品上有所改变（徐伟等，2020）。蒋廉雄（2013）认为，在保持品牌正宗性和独特性的前提下，产品创新能够通过构建品牌原型和品牌先进性表征激发消费者积极的品牌态度。简予繁等（2019）则建议，通过产品创新打造差异化的老字号品牌形象，进而满足消费者变化的个性化需求。研究普遍认为，产品创新是激活老字号和提升其品牌绩效的重要途径（许晖等，2018；Lehu，2004；Liao et al.，2007）。

　　（二）技术创新与品牌绩效

　　因创新意识和能力的不足，老字号企业专利日益减少、生产过程陈旧、技术明显落后、生产方法无法达到消费者要求的水平（Lehu，2004），加之老字号企业的工艺技术和生产经验难以复制且改良周期长，因此，老字号亟待技术创新。技术创新积累的创新能力具备异质资源的特性（Grant，1991），而具有稀缺性、难以模仿性和替代性的异质性资源是提升品牌绩效的持续动力（Wernerfelt，1984）。通过技术创新，老字号通过以下途径提升了品牌绩效：第一，老字号企业改良了产品外观，提高了产品实用性，满足了消费者变化的市场需求，提升了消费者的品牌认同；第二，传递积极的消费信号和品牌线索，提升消费者对老字号的消费信心（Rubera et al.，2012）；第三，技术创新帮助老字号改变甚至重塑品牌定位，塑造鲜明的品牌个性（Crishnan，1996），尤其研发创新活动能够显著提升老字号品牌价值（王肇和王成荣，2020）。《关于促进老字号改革创新发展的指导意见》建议，老字号企业应"导入先进的质量管理方法和模式，运用先进的适用技术创新传统工艺"，因此，本章认为，技术创新是提升老字号品牌绩效的重要手段。

（三）市场创新与品牌绩效

老字号市场老化现象严重，体现在消费者人数减少、目标市场滞后、品牌不为年轻市场所知等（Lehu，2004），挖掘现有市场和开拓新市场势在必行。现有研究表明，探索式市场创新和开发式市场创新影响企业的绩效（He and Wong，2004；李忆和司有和，2008）。张峰和邱玮（2013）基于戴和温斯利（Day and Wensley，1988）提出的能力－地位－绩效理论逻辑，构建了市场创新驱动企业绩效的作用机理，认为探索式市场创新通过创造差异化优势提升企业绩效，开发式市场创新通过创造低成本优势提升企业绩效。莱胡（Lehu，2004）认为，品牌可以通过转向不同年龄层次的消费者来扩大既有消费市场，从而使品牌自身能够保持并且提升销售绩效（Lehu，2004；Aaker，1991）。另外，通过开发式市场创新巩固原有市场，并通过开拓新市场实现目标市场的更新换代，这是提升品牌影响力和避免品牌老化的有效途径（何佳讯等，2007；Lehu，2004）。因此，本章认为，市场创新是提升老字号品牌绩效的重要手段。

（四）商业模式创新与品牌绩效

竞争动态理论和能力理论认为，资源通过正确使用和优化配置，实现与市场环境的契合是企业建立可持续竞争优势的直接要素（Ndofor et al.，2011），商业模式创新通过对组织资源进行优化配置产生新的市场机会，因而，显著提升企业绩效（Visnjic et al.，2016；Zott and Amit，2007；李志刚等，2021）。具体而言，完善性商业模式创新能够通过拓展价值实现的应用情境促进企业绩效增长，通过在已有合作网络中的议价能力构建竞争壁垒及持续的绩效增长；开拓性商业模式创新通过培育新的交易关系或途径降低交易成本，激发更高的交易量，进而提升企业绩效（周琪等，2020）。由于市场和企业战略方面的原因，老字号定位模糊、文化僵硬、运营模式落后，品牌价值和市场认可度日益下降（许晖等，2018；Lehu，2004），老字号亟待商业模式创新。

如同老字号品牌传承路径组合，老字号企业的品牌创新也并非单一创新要素的独立实施，品牌创新是产品创新、技术创新、开发式市场创新、探索式市场创新、完善性商业模式创新和开拓性商业模式创新等部分或全部创新要素并存与相互作用的复杂过程，六大品牌创新要素间的并存与相互作用引致老字号品牌绩效的提升，具体影响逻辑如图 4-1 所示。

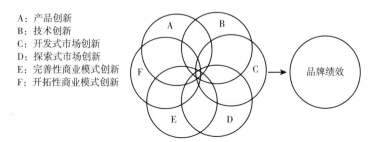

A：产品创新
B：技术创新
C：开发式市场创新
D：探索式市场创新
E：完善性商业模式创新
F：开拓性商业模式创新

图 4-1 老字号品牌创新实现路径逻辑

第三节 研究设计

一、数据收集

本研究的数据来源于安徽省 25 家"中华老字号"为调研对象的消费

者问卷和企业问卷。首先，所调研老字号涉及医药、食品加工、酒类、工艺美术等行业和类型，调研品牌具有较好的典型性和代表性。其次，相比于其他老字号企业，中华老字号企业持续专注和探索创新，在长期品牌管理过程中积累了较多的经验和得到了社会更多的认同，以此为调研对象的消费者数据具有较好的信度和效度。最后，本书作者长期跟踪安徽省"中华老字号"的品牌传承与创新发展，与包括迎驾、口子、余良卿号等部分老字号企业的市场部门管理者开展了焦点小组访谈，充分了解老字号创新的各种考量与举措，并较为方便地修正调研问项以保障问卷的信度。本章的消费者数据来源于当面填写的纸质问卷和网络问卷两种形式，在全国范围内共发放问卷 500 份，回收有效问卷 362 份，有效回收率为 72.4%。样本描述性分析如表 4-1 所示。另外，在"安徽省老字号企业协会"和某省属重点高校"品牌与消费者行为研究中心"的协助下，通过邮件形式分别向 25 家安徽老字号企业的某市场部门管理者发送定向问卷，每家企业回收有效问卷 1 份，有效回收问卷共计 25 份，该途径的数据用于企业视角创新构型的进一步研究。

表 4-1　　　　　　　消费者样本特征（N = 362）

年龄	有效问卷（份）	百分比（%）	行业分布	有效问卷（份）	百分比（%）	性别	有效问卷（份）	百分比（%）
29 岁及以下	187	51.7	食品加工	160	44.2	男	172	47.5
30~45 岁	147	40.6	酒类	119	32.9	女	190	52.5
46~60 岁	25	6.9	餐饮零售	50	13.8			
60 岁以上	3	0.8	工艺美术	22	6.1			
			医药	11	3			

资料来源：作者根据本章内容整理而得。下同。

二、分析方法

本章采用拉金（Ragin，1987）的模糊集定性比较分析法（fsQCA）解决老字号创新路径构型组合问题。之所以采用这一方法，原因在于：第一，现有文献表明，要揭示老字号创新的路径机理，创新方式的独立作用或两两交互作用的线性二元分析远远不够，必须从整体性关系出发探讨这些创新要素的共同作用。基于集合理论的模糊集定性比较分析法（fsQCA）不仅能够处理创新的独立影响，还能萃取出创新要素的组合构型以解释创新要素的多方交互，从而揭示创新的作用路径。第二，以集合论为基础的模糊集定性比较分析法（fsQCA）能够处理品牌创新与品牌绩效的非对称关系。传统方法处理的是因果变量间的对称关系（若 A→B，则 ~ A→ ~ B），但老字号品牌创新与品牌绩效的因果关系并非一定是对称的，如产品创新能够提升品牌绩效，但在特定情境下产品创新缺失，品牌绩效未必降低。第三，模糊集定性比较分析法（fsQCA）以布尔函数运算为基础，分析结果的稳健性取决于个体样本的代表性，而与样本大小无关，因此，更适用于本研究的小样本分析。

三、变量测量和赋值

本研究分别设计消费者层面和企业层面的两套问卷，两者的主要差异体现在品牌绩效的测量不同。在问卷设计上，首先请被试从安徽省 25 家"中华老字号"列表中选择最熟悉的某一品牌，然后再请被试根据自身经验和感知填写问卷。为保证测量的信度和效度，问卷的设计和量表的选取严格遵循以下步骤：第一，采用中国情境下的成熟量表，或国内情境中已施测的国外文献量表；第二，结合老字号品牌的差异性，邀请 4 位品牌与消费行为领域的学者和 6 位老字号业界专家对问卷内容、语言表述进行评估和修正，形成初始问卷；第三，借助与部分老字号企业的焦点访谈机会，选择 23 位老字号使用者对问卷进行预测试。依据反馈的意见和建议，修正问卷，形成正式调研问卷。问卷所有问项均采用 Likert7 分值测试。

（一）老字号创新

老字号创新是指为满足消费者变化的市场需求或满足社会需求，从而改变或创造新的事物、方法、环境、路径的企业行为，主要有产品创新、技术创新、市场创新和商业模式创新。产品创新和技术创新的测量借鉴王永贵等

（2015）的量表，分别包括"该品牌在产品/服务研究与开发方面拥有较强的实力""该品牌很大一部分利润都来自于所开发的新产品和新服务"等五个指标测项和"在流程技术和开发新生产流程方面，该品牌比竞争者更有创新性""该品牌在发挥高水平研究与开发职能方面有创新性"等五个指标测项。市场创新有探索式市场创新和开发式市场创新之分，其测量均借鉴詹森（Jansen，2006）以及何和王（He and Wong，2004）的量表，该量表已由张峰和邱玮（2013）在中国情境下施测，分别包括"该品牌不断搜寻具有不同需求特征和行为模式的顾客群体的信息""该品牌不断搜寻和建立多样化的分销渠道"等四个指标测项和"该品牌不断挖掘现有市场中顾客的新需求特征""该品牌致力于与现有顾客建立稳固的关系"等四个指标测项。商业模式创新包括开拓性商业模式创新和完善性商业模式创新两种形式，其测量均采用罗兴武等（2018）开发的量表，分别通过"该品牌以打破常规的方式，发现新机会，开拓新市场""该品牌主导新颖的交易机制，在商业模式中构建新的运作流程、惯例和规范"等四个指标测项和"该品牌在市场开辟方面，倾向于对市场领导者的跟随性创新""该品牌系统性地、频繁地检测交易伙伴的满意度，以更好地服务交易"等五个指标测项。本章先通过计算均值分别得到六个变量的得分，再分别将最高值设定为完全隶属成员，最低值设定为完全不隶属成员，平均值设定为分界线。因此，通过这三个阈值的设定，利用 fsQCA3.0 统计软件分别将这些变量值转化为 0 ~ 1 的模糊得分。

（二）品牌绩效

本章消费者视角老字号品牌绩效的测量借鉴鲍姆加特和施密特（Baumgarth and Schmid，2010）以及金和玄（Kim and Hyun，2011）开发的量表，包括"我愿意将公司的品牌推荐给其他人"和"我愿意和该品牌维持长期的合作关系"等四个指标测项，已由张婧和邓卉（2013）在中国情境下施测。企业视角的品牌绩效测量借鉴鲍姆加特和施密特（Baumgarth and Schmid，2010）开发的量表，包括"已经在目标市场上建立了很高的品牌知名度""已经建立了卓越的品牌声誉""已经获得了顾客高度的品牌忠诚"和"非常满意自己的品牌推广效果"四个指标测项，并由黄磊和吴朝彦（2017）在中国情境下施测。先通过计算均值得到变量得分，然后针对高品牌绩效，分别将最高值设定为完全隶属成员，最低值设定为完全不隶属成员，平均值设定为分界线。同时，针对低品牌绩效，分别将最低值设定为完全隶属关系，最高值为完全不隶属关系，平均值仍为分界线。因此，分别通过这三个阈值的设定，利用 fsQCA3.0 统计软件分别将这些变量值转化为 0 ~ 1 的模糊得分。

综上，利用"Calibrate"程序赋值，标准总结如表 4-2 所示。

表 4-2　　　　　　　　　　各变量阈值汇总

构念	阈值		
	完全隶属成员	分界线	完全不隶属成员
产品创新	6.6	4.75	1
技术创新	6.6	4.81	1.4
探索式市场创新	7	5.26	1.25
开发式市场创新	7	5.26	2.25
开拓性商业模式创新	6.75	4.88	1.5
完善性商业模式创新	6.8	5.05	2
高品牌绩效	7	5.24	1
低品牌绩效	1	5.24	7

四、测量的信度和效度

本章采用 SPSS16.0 和 AMOS17.0 软件对指标测项进行信度和效度分析，结果如表 4-3 所示。探索性因子分析显示，所有变量的 *Cronbach's α* 值均高于 0.8，表明各变量量表的内部一致性信度是可以接受的。为保证量表的内容效度，本章均采用成熟量表且由国内学者测试。验证性因子分析结果显示，七因子模式具有较好的拟合优度（$RMSEA = 0.035$，$\chi^2/df = 1.454$，$GFI = 0.902$，$CFI = 0.967$，$NFI = 0.903$），且各测项的因子载荷值均在 0.6 以上，所有变量的 *AVE* 值均大于 0.5，且 CR 值均大于 0.8，表明量表具有较好的收敛效度；同时，各变量与其他变量的相关系数均小于该变量 *AVE* 值的平方根（见表 4-4），表明本量表具有较好的区分效度。

表 4 - 3 　　　　　　　　　　变量的信度与效度分析

构念	指标题项	因子载荷	Cronbach's α	CR	AVE
产品创新	该品牌经常开发出深受市场欢迎的新产品与新服务	0.725 ***	0.822	0.848	0.528
	该品牌很大一部分利润都来自于所开发的新产品和新服务	0.721 ***			
	该品牌推出新产品和新服务的速度往往比竞争对手要快	0.750 ***			
	该品牌在产品/服务研究与开发方面拥有较强的实力	0.726 ***			
	该品牌一直努力开发可以把老产品改进为新产品的创新技能	0.709 ***			
技术创新	该品牌在产品技术与开发新产品方面做得很好	0.711 ***	0.842	0.843	0.518
	在流程技术和开发新生产流程方面,该品牌比竞争者更有创新性	0.751 ***			
	该品牌在经营中采用了新技术	0.703 ***			
	该品牌在利用信息技术方面有创新性	0.667 ***			
	该品牌在发挥高水平研究与开发职能方面有创新性	0.762 ***			
探索式市场创新	该品牌一直在积极开拓新的市场	0.742 ***	0.820	0.821	0.533
	该品牌不断搜寻具有不同需求特征和行为模式的顾客群体的信息	0.734 ***			
	该品牌致力于与多样化的顾客群体建立关系	0.736 ***			
	该品牌不断搜寻和建立多样化的分销渠道	0.709 ***			
开发式市场创新	该品牌致力于拓展现有的市场	0.728 ***	0.820	0.821	0.534
	该品牌不断挖掘现有市场中顾客的新需求特征	0.706 ***			
	该品牌努力为现有顾客提供更多的服务	0.728 ***			
	该品牌致力于与现有顾客建立稳固的关系	0.761 ***			

续表

构念	指标题项	因子载荷	Cronbach's α	CR	AVE
开拓性商业模式创新	该品牌以打破常规的方式，发现新机会，开拓新市场	0.772 ***	0.830	0.831	0.551
	该品牌拥有不同于行业中其他对手的营销渠道	0.743 ***			
	该品牌打造了利益相关者良性互动的商业生态圈，并在其中扮演核心角色	0.686 ***			
	该品牌主导新颖的交易机制，在商业模式中构建新的运作流程、惯例和规范	0.766 ***			
完善性商业模式创新	该品牌在市场开辟方面，倾向于对市场领导者的跟随性创新	0.698 ***	0.838	0.838	0.509
	该品牌经常巩固和扩大现有市场的营销渠道	0.690 ***			
	该品牌系统性地、频繁地检测交易伙伴的满意度，以更好地服务交易	0.718 ***			
	该品牌不断优化现有的流程、知识和技术	0.727 ***			
	该品牌坚持在既定的战略框架下分配人、财、物资源	0.733 ***			
品牌绩效	我愿意花更高的价格购买该品牌	0.646 ***	0.810	0.819	0.532
	我愿意以后继续与该企业交易	0.777 ***			
	我愿意将公司的品牌推荐给其他人	0.781 ***			
	我愿意和该品牌维持长期的合作关系	0.705 ***			

注：*** 表示 $P < 0.01$，CR 表示组合信度，AVE 表示平均提取方差值。

表 4 - 4　　　　　各变量描述性统计和相关矩阵

序号	构念	1	2	3	4	5	6	7
1	产品创新	1						
2	技术创新	0.769 ***	1					
3	探索式市场创新	0.483 ***	0.541 ***	1				
4	开发式市场创新	0.505 ***	0.549 ***	0.720 ***	1			
5	开拓性商业模式创新	0.666 ***	0.672 ***	0.557 ***	0.533 ***	1		
6	完善性商业模式创新	0.656 ***	0.687 ***	0.618 ***	0.660 ***	0.759 ***	1	
7	品牌绩效	0.517 ***	0.517 ***	0.541 ***	0.582 ***	0.531 ***	0.611 ***	1

注：*** 表示 $P < 0.01$。

第四节　数据分析结果

一、单项前因变量的必要性和充分性分析

表 4-4 结果初步显示，六大品牌创新变量均显著提升品牌绩效，表明各创新变量是独立影响品牌绩效的前因要素。然后，对各创新变量作为前因要素是否为结果变量品牌绩效的必要和充分条件进行检验。如表 4-5 所示，高品牌绩效和低品牌绩效所有前因创新变量影响结果变量的一致率和覆盖率均未超过 0.9，所有单个前因要素对结果变量的实现均不构成充分必要条件，表明单个创新变量对老字号高品牌绩效和低品牌绩效实现的解释力较弱。因此，有必要探讨六大创新变量构型的影响。

表 4-5　　　　　　　　　单项前因变量的一致率和覆盖率

前因变量	高品牌绩效		低品牌绩效	
	充分性一致率	必要性覆盖率	充分性一致率	必要性覆盖率
产品创新	0.830048	0.847567	0.724575	0.541626
~产品创新	0.551101	0.732138	0.551101	0.732138
技术创新	0.832441	0.851091	0.702680	0.525927
~技术创新	0.536316	0.832441	0.801046	0.777764
探索式市场创新	0.857321	0.856501	0.745490	0.545220
~探索式市场创新	0.544785	0.745157	0.803791	0.804843
开发式市场创新	0.842488	0.866450	0.707712	0.532822
~开发式市场创新	0.545742	0.718352	0.822614	0.792669
开拓性商业模式创新	0.826173	0.861412	0.712811	0.544076
~开拓性商业模式创新	0.562728	0.728010	0.818431	0.775116
完善性商业模式创新	0.846747	0.879223	0.696405	0.529362
~完善性商业模式创新	0.546747	0.710988	0.841111	0.800709

注："~"是指逻辑非，表示前因变量要素为"全出"（full-out）时的情况。

二、老字号创新路径构型

将产品创新、技术创新、探索式市场创新、开发式市场创新、开拓性商业模式创新和完善性商业模式创新作为前因变量共同纳入模糊集定性比较分析法（fsQCA）的变量中，分析引致老字号品牌绩效的品牌创新构型组合。

（一）高品牌绩效实现的创新构型

为剔除出现频次低且不具备代表性的前因要素组合和保留能够显著引致被解释结果的前因要素组合，本研究将频数阈值和一致性阈值分别设置为6和0.8。通过寻找和构建优化解和简约解的方式，本研究最终确定前因条件的构型，分析结果如表4－6所示，其中，总体一致性为0.922502，大于0.9的阈值，总体覆盖率达到了0.78。

表4－6　　　　　实现老字号品牌绩效的创新路径构型

构型	高品牌绩效				低品牌绩效	
	CHa		CHb		CLa	CLb
	CHa1	CHa2	CHb1	CHb2		
产品创新		○	●	●		○
技术创新	•	○	○	•	○	○
探索式市场创新	●	●	○	●	○	
开发式市场创新	●	●	○		○	•
开拓性商业模式创新	○	○		•		
完善性商业模式创新	•	○	○	•	○	○
原始覆盖率	0.406029	0.343780	0.330813	0.683972	0.608693	0.469085
独特覆盖率	0.015646	0.023349	0.025454	0.297512	0.197908	0.058300
一致率	0.971161	0.944152	0.923344	0.960298	0.925653	0.898923
解的覆盖率	0.779139				0.793529	
解的一致率	0.922502				0.809400	

注：●代表核心因果性条件存在；○代表核心因果性条件缺失；•代表辅助因果性条件存在；○代表辅助因果性条件缺失；"空白"表示构型中该条件可存在、可不存在。

研究发现了实现高品牌绩效的四种不同组合的品牌创新构型（见表4-6），验证了老字号创新"殊途同归"的重要特征。在六大老字号创新因素的复杂作用下，高品牌绩效呈现出分别强调市场创新和产品创新的CHa和CHb两种主要构型。

具体而言，以市场创新作为核心因果性条件存在的CHa构型包括两条路径形式，在开拓性商业模式创新缺失的CHa1路径中，高品牌绩效主要依靠技术创新和完善性商业模式创新实现，以及在其他创新要素缺失的CHa2路径中，老字号企业只能依靠市场创新实现高品牌绩效。可以看出，在CHa基本构型中，高品牌绩效的实现必须同时依靠探索式和开发式的市场创新。因此，第一种实现高品牌绩效的老字号品牌创新构型为：

类型一：开拓性商业模式创新缺失，可以主要依靠市场创新，并通过技术创新和完善性商业模式创新实现高品牌绩效（CHa1）；对于产品创新、技术创新和商业模式创新缺失的老字号企业必须重视市场创新（CHa2）。

在产品创新作为核心因素存在的构型中（CHb），CHb1构型表现为其他所有创新要素均不出现，只能依靠产品创新实现高品牌绩效；CHb2构型表现为高品牌绩效的实现必须在重点做好产品创新和探索式市场创新的同时，也要做好技术创新和商业模式创新。可以看出，在产品创新出现的情境中，老字号的技术创新、市场创新和商业模式创新存在互斥现象，这也就导致老字号企业要么同时实施这些创新，要么同时不做这些创新。

因此，第二种实现高品牌绩效的老字号品牌创新构型为：

类型二：在技术创新、市场创新和商业模式创新同时缺失或同时存在的情境下，产品创新成为高品牌绩效实现的关键原因条件（CHb1和CHb2）。

（二）低品牌绩效实现的创新构型

fsQCA3.0统计软件计算的结果如表4-6所示，解的一致率为0.809400，大于0.8的阈值，解的覆盖率达到了0.79。研究发现，两条导致低品牌绩效的不同路径，其具体类型为：

类型三：在完善性商业模式创新作为核心条件缺失，技术创新、市场创新和开拓性商业模式创新作为辅助条件缺失时将导致低品牌绩效（CLa），即高品牌绩效很难实现。

类型四：在完善性商业模式创新作为核心条件缺失，开发式市场创新作为辅助条件存在，但产品创新、技术创新和开拓性商业模式创新辅助缺失会导致低品牌绩效（CLb）。

进一步对比高低品牌绩效的构型发现：第一，市场创新尤其是探索式市场创新在老字号品牌绩效的提升中起到了至关重要的作用。如探索式市场创新在高品牌绩效的 CHa 构型中作为核心因果条件存在，而在低品牌绩效的 CLa 构型中作为核心缺失条件存在，表明探索式市场创新对于品牌绩效的培育具有积极的正向影响作用，这也进一步验证了何佳讯等（2007）和徐伟等（2015）的观点，即通过扭转和培育新的客户群以及开拓新的细分市场激活老字号。第二，产品创新在老字号品牌绩效的提升中同样起到至关重要的作用。如产品创新在高品牌绩效的 CHb 构型中作为核心因果条件存在，而在低品牌绩效的 CLb 构型中或作为辅助缺失条件缺失，或在 CLa 构型中可缺失也可存在，表明产品创新对于品牌绩效提升的作用显著。这也反映出老字号老化的原因，产品创新是提升其品牌绩效的重要途径（许晖等，2018；Lehu，2004）。第三，完善性商业模式创新在老字号品牌提升中起"保健"作用。完善性商业模式创新在 CLa 和 CLb 构型中作为核心条件缺失，在高品牌绩效实现的四种构型中或存在或不存在，表明没有进行完善性商业模式创新是导致低品牌绩效的主要原因，而完善性商业模式创新却不是引致高品牌绩效的必要条件。第四，老字号品牌绩效实现的创新路径体现为"殊途同归"。六大创新要素存在或缺失的组合构建了实现品牌绩效的四条路径，路径虽形式不同但效果一致，即不同情境下的四条创新路径都实现了高品牌绩效的效果。

（三）企业层面创新构型的进一步检验

采取 fsQCA3.0 统计软件对 25 份企业管理人员问卷做构型分析，分析结果如表 4 - 7 所示。高低品牌绩效的实现分别有五种和两种构型，所有前因要素构型的一致性均高于 0.8，高低品牌绩效构型的总体一致性分别为 0.885758 和 0.803279，证明高低品牌绩效实现构型"殊途同归"的特性。结果显示，高品牌绩效实现的创新构型体现为两种类型，即分别以开发式市场创新为核心条件存在的 BHa1 和 BHa2 两条路径，以及以探索式市场创新为核心条件存在的 BHb1、BHb2 和 BHb3 三条路径。这表明从企业视角的市场创新在品牌绩效的提升中也至关重要。低品牌绩效实现的创新构型体现为以开发式市场创新为核心条件缺失的 BLa1 和 BLa2 两条创新路径，即开发式市场创新和产品创新作为核心条件缺失会导致低品牌绩效。这表明，第一，相较于消费者层面重视探索式市场创新，企业层面更注重开发式市场创新；第二，产品创新缺失是导致低品牌绩效的主要原因，从企业层面进一步验证了消费者层面中产品创新在品牌绩效提升中至关重要的作用这一结论。

表 4-7　　　　　　　　　　　企业层面创新路径构型

构型	高品牌绩效					低品牌绩效	
	BHa		BHb			BLa1	BLa2
	BHa1	BHa2	BHb1	BHb2	BHb3		
产品创新	◦	•		◦	◦	○	○
技术创新		•	•	◦	◦	◦	•
探索式市场创新	◦		●	●	●	◦	•
开发式市场创新	●	●	◦		●	○	○
开拓性商业模式创新	◦	•		◦	◦	◦	•
完善性商业模式创新	◦	•			•	◦	•
原始覆盖率	0.236376	0.710490	0.362398	0.246594	0.247275	0.596987	0.389831
独特覆盖率	0.010218	0.351499	0.020436	0.019755	0.006812	0.302260	0.095104
一致率	0.803241	0.971136	0.917241	0.857820	0.907500	0.838624	0.841463
解的覆盖率	0.792234					0.692091	
解的一致率	0.885758					0.803279	

　　注：●代表核心因果性条件存在；○代表核心因果性条件缺失；•代表辅助因果性条件存在；◦代表辅助因果性条件缺失；"空白"表示构型中该条件可存在、可不存在。

第五节　研究小结与不足

一、研究小结

本章基于定性比较分析法对老字号的创新路径展开研究，系统全面地分析了老字号产品创新、技术创新、开发式市场创新、探索式市场创新、开拓性商业模式创新以及完善性商业模式创新对老字号品牌绩效复杂动态作用的过程。结合中华老字号品牌的消费者调查数据，采用模糊集定性比较分析法（fsQCA）构建和分析了影响老字号品牌绩效的多个构型。

研究发现：（1）老字号高品牌绩效实现的创新路径主要有两种类型。第一，开拓性商业模式创新缺失，可以主要依靠市场创新，并通过技术创新和完善性商业模式创新实现高品牌绩效（CHa1），而对于产品创新、技术创新和商业模式创新缺失的老字号企业必须重视市场创新（CHa2）；第二，在技术创新、市场创新和商业模式创新同时缺失或同时存在的情境下，产品创新成为高品牌绩效实现的关键前因条件（CHb1 和 CHb2）。（2）存在两条路径导致老字号低品牌绩效。第一，在完善性商业模式创新作为核心条件缺失，技术创新、市场创新和开拓性商业模式创新辅助缺失将导致低品牌绩效（CLa）；第二，在完善性商业模式创新作为核心条件缺失，开发式市场创新作为辅助条件存在，但产品创新、技术创新和开拓性商业模式创新作为辅助条件缺失时会导致低品牌绩效（CLb）。（3）市场创新在老字号品牌绩效的提升中至关重要。消费者层面更注重探索式市场创新，而企业层面更注重开发式市场创新。（4）品牌绩效的实现"殊途同归"。老字号品牌激活不仅在不同的情境下有不同的路径选择，而且创新路径也随着品牌创新情境的变化动态性地进行调整。

二、研究不足和展望

本研究尚存在不足之处。首先，所选取的调研品牌是安徽省 25 家"中华老字号"，涉及食品加工、医药、工艺美术等不同行业类型。但遗憾的是，本章并未考虑老字号类型的差异，而且基于安徽省老字号样本数据的结果可能并不能真实反映中华老字号的整体创新状况。建议未来研究通过扩大样本量和区分类别差异，便于更系统地构建品牌创新的构型。其次，本研究完全基于创新的视角探讨激活老字号的创新路径，而老字号"重在传承"，脱离传承的老字号激活研究是不完整和不科学的，这还需要未来研究引入品牌传承要素以进一步探讨传承与创新相互依存的长期品牌管理路径。最后，本章在研究方法上采用模糊集定性比较分析法（fsQCA）构建老字号的创新路径，但还缺少这种方法与传统定量方法的比较与结合，造成无法揭示老字号品牌创新路径中不同创新方式的权重，即"孰重孰轻"问题。未来研究可考虑借助更严格的定量方法，并进一步验证本章创新路径的稳健性和可靠性。

第五章

老字号品牌双元性及其路径实现

传承与创新悖论的解决一直是老字号长期品牌管理研究的焦点，基于中国传统哲学的老字号品牌传承与创新研究也正成为品牌管理研究的热点。本章基于阴阳互动和品牌双元性理论，选取安徽省 25 家中华老字号品牌作为研究对象，利用模糊集定性比较分析法（fsQCA），从消费者视角和企业视角分别构建老字号品牌传承与创新的双元性构型组合。研究发现：第一，品牌传承与品牌创新分别具有阴阳特征，两者相互对立、相生、并存和互为消长，老字号品牌双元性是传承与创新活动的情境性共存与组合；第二，品牌双元性的实现有情境路径和通用路径两种形式的九条路径，差异化的老字号双元性实现路径不仅"殊途同归"，而且在情境的变化中不断动态调整和转化。本章研究结论对于探索和揭示老字号品牌传承与创新"悖论"的解决机制有着重要的理论和实践意义。

第一节　研究背景与问题提出

在政府政策的扶持和老字号品牌老化的内在压力下，诸多老字号企业纷纷着力产品、技术、经营模式和金融方式的创新，他们都试图通过创新满足消费者变化的市场需求和提升企业的生产经营效率，如云南白药实施"新白药·大健康"战略，将传统中药融入现代生活；寿仙谷秉承"智械机巧，知而不用"的公益理念通过技术创新提升药材品质（刘戈，2018）。但实施的效果却喜忧参半，如大白兔与美加净跨界合作推出奶糖味润唇膏；马应龙推出蔬通消化饼干等，诸多此类的创新却伤害了品牌形象（simonson，1994）。究其问题产生的根源不难发现，部分老字号企业的发展忽略了传承与创新的平衡。

老字号"重在传承，胜在创新"，不传承将失去原真，而不再被称为"老"，不创新又将失去年轻人的偏好而陷入老化的困境（徐伟等，2015）。正如布朗等（Brown et al.，2003）和何佳讯等（2007）所言，老字号在保留老元素和注入新元素之间出现了矛盾，既要建立清晰的品牌内涵，又要通过创新适应市场变化，关键是创新不能通过稀释品牌身份来实现，老字号的品牌传承与创新就成了"悖论"。关于老字号品牌传承与创新悖论解决的现有文献主要集中在以下两个方面：（1）策略上选择"变与不变要素"，认为老字号的核心价值不应变化，老字号的调性、准则和风格不能随意变化，而老字号的产品、传播主题和细分市场等应该变化（Kapferer，1992），建议以创新和变化活化老字号，以怀旧和不变来唤醒老字号（何佳讯等，2007；Romaniuk et al.，2014）。该视角的研究界定和细化了老字号品牌传承与创新的要素，区分和揭示了传承与创新的激活情境，但却忽略了传承与创新并非非此即彼的对立关系，而是"相生相克"的矛盾统一体（Beverland et al.，2015）。（2）理论上引入真实性理论，一方面，构建老字号原真实、建构真实和自我真实，以此界定和揭示老字号品牌传承与创新要素彼此协同的相生关系（徐伟等，2015）；另一方面，构建传承与创新对消费者态度和行为的影响机理，认为通过传承原真实性要素激活老字号，通过挖掘建构真实性要素活化老字号（徐伟等，2015；许晖等，2018）。该视角从真实性视角连接老字号的长期品牌管理与消费者态度和行为的关系，却并未构建和揭示老字号品牌传承与创新协同发展的内在机制和实现路径。不同于一般品牌，老字号的品牌传承和品牌创新"相生相克"，它们相互对立，又彼此依存和相互渗透。既有研究割裂了两者的关系，或只是浅尝辄止，并未构建系统的形成机理（何佳讯等，2007）。

老字号既要通过传承维系品牌原真性，又要通过创新解决品牌老化的市场困境，传承与创新成为老字号永恒的使命。传承与创新不是非此即彼的二元对立，老字号的创新过程需尊重品牌"真实的内核"，传承过程也需要理念、技术、经营与时俱进。贝维兰德等（Beverland et al.，2015）的品牌双元性理论和中国传统哲学阴阳互动论为界定和阐释传承与创新的矛盾统一关系提供了见解：第一，双元性是相互冲突的两种活动的组合和共存（Raisch et al.，2009），主张老字号应从矛盾统一体的视角界定和处理传承与创新的关系，构建传承与创新的双元组合；第二，阴阳互动论辩证地处理管理活动中各种阴阳对立要素，通过调整阴阳恢复，实现阴阳的相对动态平衡。基于此，本章基于双元性和阴阳互动论视角，聚焦和解决以下研究问题：（1）在提升老字号品牌绩效和应对品牌老化的背景下，传承与创新通过哪些路径提升品牌绩效？（2）在此过程中，老字号品牌传承与创新如何实现双元性组合？即基于阴阳互动论的老字号双元性路径是什么？（3）适合老字号成长的双元性最优路径有哪些？

为此，本研究选取了安徽省25家"中华老字号"作为调研对象，整合老字号长期品牌管理的相关研究和访谈数据资料，从企业和消费者的视角分别采用模糊集定性比较分析法（fsQCA）来探讨传承与创新的各自和共同作用对老字号高品牌绩效影响的实现路径，突破以往分别从传承或创新单维度视角解决老字号老化问题的局限。同时，基于阴阳互动论构建和阐释传承与创新的双元组合，试图基于中国传统哲学构建老字号品牌双元性概念，并解决老字号品牌传承与创新的悖论问题。然后，比较企业和消费者两种视角下双元组合的差异，进而深化对老字号品牌双元性实现路径的研究。研究结论也为老字号的长期品牌管理实践提供了借鉴，帮助老字号企业挖掘和利用传承与创新的要素，引导老字号企业采取切实可行的路径机制以实现品牌振兴。

第二节　文献综述与研究框架

长期品牌管理研究主要聚焦于传承与创新的悖论，已有研究多试图从品牌真实性、怀旧、二元性等视角解决悖论问题。然而，一方面，现有研究多分别探讨老字号的传承或创新，研究思维体现为二元性的"相克"，而忽略了"相生"及其相互作用，因此，难以回答老字号长期品牌管理的内在属性及其路径逻辑是什么；另一方面，已有研究采用的扎根理论、结构方程、聚类分析等实证研究法聚焦于挖掘和构建传承或创新的单路径机理，难以揭示传承与创新的共同和相互作用。因此，基于二元理论，本章采用模糊集定性比较分析法（fsQCA）来构建影响老字号品牌绩效的传承与创新要素及其作用路径，进而以阴阳互动论为理论基础构建和阐释老字号品牌双元性的概念及其实现路径，并从消费者和企业视角区分和探讨老字号品牌双元性的差异。本章考虑传承、创新和高品牌绩效的原因如下：（1）本章从传承与创新两个角度构建了老字号品牌的双元性，双元性由老字号"相生相克"的传承与创新要素交互产生。老字号传承体现为老字号的独特、可信、诚挚和长寿，创新主要体现为产品创新、技术创新、市场创新和商业模式创新。（2）品牌绩效体现了长期品牌管理为老字号企业带来的持续竞争优势，本章将其作为衡量品牌传承与创新互动即双元性实现效果的结果变量。

一、老字号传承和品牌绩效

本章引入长寿、独特、可信、诚挚来衡量老字号的品牌传承。（1）长寿是指历史悠久，是老字号无可替代的核心价值（王静一，2011），直接影响企业的品牌资产。品牌创立的时间影响消费者对其品牌的熟悉度，消费者会根据品牌存续期加工其品牌内涵信息，进而加深品牌在其心目中的印象（Alba and Hutchinson，1987）。（2）独特是指老字号品牌与众不同。《中华老字号认定管理办法》明确指出，老字号要具有独特的产品、技艺或服务，要拥有中华民族特色和鲜明的地域文化特征，如原料天然、工艺独特、产地正宗、理念新颖等，这些是老字号之所以称之为"老"的关键和传承的重心。独特的品牌要素展示了老字号的品牌个性，这激发了消费者的品牌联想，进而提升消费者的品牌信任和购买意向（Schallehn et al.，2014）。（3）可信是指品牌拥有能够体现其文化的信条以及承诺的意愿和能力，包括品牌质量可靠、承诺可信、理念清晰等（Bruhn et al.，2012），它显著提升了消费者的品牌归属和口碑传播意向（Napoli et al.，2014）。（4）诚挚是指品牌能够履行其信念、承诺和信条的行为和能力，体现为品牌的"言行一致"，它能有效地提升消费者的品牌信任及其购买意向（Schallehn et al.，2014）。另外，从企业层面看，利益相关者通过所有的接触点体验品牌，如果品牌对利益相关者的承诺与企业的价值、战略和既定愿景相一致，即品牌是可信和诚挚的，利益相关者就会对公司及其品牌产生信任（Eggers et al.，2013）。因此，传承是提升老字号品牌绩效的重要因素。

二、老字号创新与品牌绩效

老字号创新是利用现代经营管理的理念、方法和技术改变品牌知识，进而提升品牌资产，创新领域主要聚焦于产品创新、技术创新、经营创新、企业产权改革、企业兼并重组、对接资本市场、保护知识产权、强化人才培养和扩大文化交流等方面。根据熊彼特（Schumpeter，1934）的创新理论和政府指导性意见，本章并未细化和展开市场创新和商业模式创新，仅从产品创新、技术创新、市场创新和商业模式创新归纳和界定了老字号的创新。

首先，莱胡（Lehu，2004）的研究指出，产品调研和开发滞后，样式、设计或颜色过时，专利日益减少，生产过程陈旧，技术明显落后，生产方法不能达到目前的要求、水平等的产品和技术方面的问题是品牌老化的主要原因，产品和技艺的创新是激活老品牌和提升品牌绩效的重要途径（许晖等，2018）。产品创新是指对产品或服务的引进、改进或开发（王永贵等，2015），包括产品或服务的更新、延伸和扩充等方法。更新指通过新包装改变产品样式；延伸是产品线延伸或品牌延伸；扩充则包括开发产品的服务层、探索产品的新用途、提高产品的使用频率等。

其次，技术创新指企业改建和创新各种技术方法的能力，包括工艺、流程等技术方面的创新以及研发上的投入（王永贵等，2015）。因此，产品和技术创新帮助企业推出新产品或新服务，通过满足消费者变化的市场需求提升品牌绩效。

再次，市场创新是指通过改进营销沟通手段更新现有市场以及通过挖掘新用户开拓新市场（魏江等，2008），这是提升品牌影响力和避免品牌老化的主要途径。根据创新领域的不同，市场创新有探索式市场创新和开发式市场创新之分（张峰、邱玮，2013）。前者依靠新的知识或技能开拓新的市场和分销渠道，体现在不断搜寻新顾客群体的信息并致力于与多样化的顾客群建立关系；后者是在已有知识或技能的基础上开发当前市场，体现在不断挖掘现有顾客新的需求特征，并致力于维系与现有顾客的关系。通过市场创新巩固原有市场，并通过开拓新市场实现目标市场的更新换代。

最后，商业模式是为了满足顾客价值主张而进行价值创造的概念化模式，其核心逻辑是通过价值主张、价值运营和价值的分配与获取赢得竞争优势（罗兴武等，2018）。商业模式创新是指企业向顾客创造、销售和传递价值过程的创新（Crossan and Apaydin，2010），它有开拓性商业模式创新和完善性商业模式创新两种形式。前者关注顾客的隐性需求，通过前瞻性的预见以创新手段重构或新建交易结构或规则，表现为积极打造商业生态圈、主导新颖的交易机制（Aspara et al.，2010）、开拓新颖的盈利模式（Christensen，2006）、建立营运成本分担和收益分享机制等（He and Wong，2004），进而形成先动优势；后者则是关注顾客的显性需求，通过对市场的快速反应，优化现有交易结构或规则，与开拓性商业模式创新相比旨在获取后动优势。

老字号品牌双元性的实现即品牌传承与品牌创新的实施并非某些要素的独立实施，品牌双元性的实现是品牌长寿、独特、可信、诚挚等传承要素和产品创新、技术创新、市场创新和商业模式创新等部分或全部要素并存与相互作用的复杂过程，品牌传承与品牌创新要素间的并存与相互作用引致老字号品牌绩效的提升，具体影响逻辑如图 5 - 1 所示。

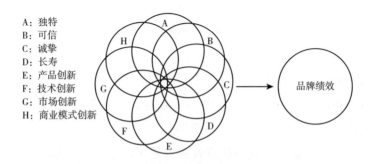

A：独特
B：可信
C：诚挚
D：长寿
E：产品创新
F：技术创新
G：市场创新
H：商业模式创新

图 5 - 1　老字号品牌双元性组合逻辑

第三节　研究设计

一、数据搜集

本章的调研品牌是被商务部认定的安徽省 25 家"中华老字号"。选取这些品牌主要出于以下原因：第一，所选品牌分布于安徽省 11 个地市，涉及食品加工、餐饮零售、工艺美术、医药等行业，因而具有较好的地区和行业代表性；第二，相比于其他老字号企业，中华老字号在传承与创新上较为成功，其长期品牌管理的经验具有较好的代表性。本研究的数据来源于两种途径：第一，使用网络和面对面方式在安徽省内发放消费者问卷 500 份，回收有效问卷 362 份，有效回收率为 72.4%，该途径的数据用于消费者视角的双元性研究；第二，在"安徽省老字号企业协会"和某省属重点高校"品牌与消费者行为研究中心"的支持协助下，使用面对面方式向安徽省 25 家中华老字号企业发放问卷 168 份，问卷要求企业各级员工填写，回收有效问卷 115 份，有效回收率为 68.45%，该途径数据用于企业视角的双元性研究。样本描述性分析如表 5-1 所示。

表 5-1　　　　　　　消费者和企业视角的样本描述性分析结果

基于消费者视角的样本描述（N=362）			基于企业视角的样本描述（N=115）		
行业分布	有效问卷（份）	百分比（%）	行业分布	有效问卷（份）	百分比（%）
食品加工	160	44.2	食品加工	36	31.3
酒类	119	32.9	酒类	19	16.5
餐饮零售	50	13.8	餐饮零售	31	27.0
工艺美术	22	6.1	工艺美术	20	17.4
医药	11	3.0	医药	9	7.8
性别	人数	百分比（%）	性别	人数	百分比（%）
男	172	47.5	男	65	56.5
女	190	52.5	女	50	43.5

年龄	人数	百分比（%）	岗位	人数	百分比（%）
29 岁及以下	187	51.7	高层管理者	5	4.3
30～40 岁	147	40.6	中层管理者	40	34.8
41～59 岁	25	6.9	基层管理者	33	28.7
60 岁及以上	3	0.8	普通员工	37	32.2

资料来源：作者根据本章内容整理而得。下同。

二、方法选择

定性比较分析是一种基于韦伯式分析逻辑的理论集合研究方法（李永发，2020），它以布尔运算法则分析可能的前因条件构型。本章摒弃以"自变量－因变量"二元关系为基础的传统统计方法，而采用定性比较分析法来研究传承与创新的组合构型问题，主要出于以下考虑：现有研究和老字号品牌振兴实践均表明，要揭示老字号品牌双元性的实现路径，传承要素、创新要素等因素的独立作用或者植入其他变量的交互作用等分析已远远不够，研究必须考虑和能够处理传承与创新多重条件的并发。首先，定性比较分析法（QCA）被用于处理"多样性导向"的研究问题，它不仅能够处理传承与创新对老字号品牌绩效的独立影响，还能够萃取出前因条件构型以解释传承与创新要素的构型组合方式对品牌绩效产生的影响，着重分析传承与创新组合作为一个整体在影响品牌绩效中的作用。其次，定性比较分析法（QCA）能够处理非对称关系。传统的回归分析法仅能处理因果变量间的对称关系（若 A→B，则 ~A→~B），却很难处理它们间的非对称关系。然而，传承或创新与品牌绩效的因果关系未必都是对称的，如老字号形象的改变与创新能够提升其品牌绩效，缺乏创新会导致老字号的品牌老化。但事实上，即使其他前因要素不变，老字号形象并未创新，也可能导致品牌绩效的提升（即若 A→B，则 ~A→~B 未必成立）。定性比较分析法（QCA）可以很好地处理这类不对称的因果关系问题，因此，更适合用于解决品牌双元性的实现路径问题。最后，定性比较分析法（QCA）适用于小样本研究。本研究基于企业视角的样本为 115 个，基于消费者视角的样本为 362 个，并未达到传统定量研究的"大样本"水平，无法对众多影响因素做有效的跨层次处理，也难以通过统计得出稳健的结果。定性比较分析法（QCA）以布尔函数运算为基础，分析结果的稳健性与样本大小无关，而是取决于样本个体是否具有代表性。本研究样本涵盖安徽省 25 家中华老字号品牌，样本涵盖了各种类型的老字号企业，且数量大小适中。

三、构念测量和赋值

本项研究的构念主要通过 Likert 量表获取。主要变量的测量来源于国内和国外的成熟量表，同时考虑中国传统文化背景下的老字号品牌管理的实践，本章严格按照以下步骤设计问题以确保测量的信度和效度：首先，选择已在国内情境中施测的国外量表；其次，针对未在国内施测过的国外量表，按照翻译和回译的程序，由本书作者将英文题项译成中文，再请两位课题组成员将英文译成中文，通过比较，确保量表翻译的准确性；再次，分别设计针对消费者和针对企业员工的两套问卷，两者的主要差异体现在品牌绩效的测量不同。为确保问卷的内容效度，邀请四位品牌与消费行为领域的学者和两位老字号业界专家对问卷的内容、语言和格式进行评估和修正；最后，选择 15 家安徽省商务厅认定的"安徽老字号"对企业层面的问卷进行预测试，同时随机选择该 15 家老字号企业的 23 位消费者对消费者层面的问卷进行预测试。

（一）老字号传承

长寿体现了老字号存续的时间，不同于老字号传承路径的研究，该部分笔者根据老字号创立的时间判断老字号的长寿，试图从客观的角度衡量老字号的长寿。为避免个别品牌存续时间极大或极小对整体老字号长寿分布的影响，本研究设定老字号长寿的中位值为分界线①，设定长寿最大值为完全隶属成员，设定长寿最小值为完全不隶属成员，通过 fsQCA3.0 统计软件分别将其转化为 0 ~ 1 的模糊得分。独特测量改编自布鲁恩等（Bruhn et al.，

---

① 因消费者层面和企业层面的样本分别涉及 25 家和 24 家安徽省"中华老字号"，因此，两个层面的中位数并不相同。其中，消费者层面的中位数为 138，为"张顺兴号"存续时间；企业层面的中位数为 127，为"叫花鸡"的存续时间。

2012）的量表，包括与众不同、出类拔萃、独一无二、明显不同四个指标。可信的测量借鉴了布鲁恩等（Bruhn et al.，2012）和沙勒恩（Schallehn，2014）的研究，通过"该品牌的承诺是可信的""该品牌做出了可靠的承诺"等四个指标测项施测。诚挚的测量借鉴布鲁恩等（Bruhn et al.，2012）和纳波利等（Napoli et al.，2014）的量表，通过"该品牌信守承诺""该品牌坚守了原则"等四个指标测项施测。

（二）老字号创新

产品创新和技术创新的测量借鉴王永贵等（2015）的量表，分别包括"该品牌经常开发出深受市场欢迎的新产品与新服务""该品牌推出新产品和新服务的速度往往比竞争对手要快"等五个指标测项和"该品牌在产品技术与开发新产品方面做得很好""该品牌在利用信息技术方面有创新性"等五个指标测项；市场创新的测量借鉴詹森等（Jansen et al.，2006）以及何和王（He and Wong，2004）的量表，其该量表已由张峰和邱玮（2013）在中国情境下施测，包括"该品牌不断搜寻具有不同需求特征和行为模式的顾客群体信息""该品牌不断挖掘现有市场中顾客的新需求特征"等八个指标测项；商业模式创新的测量采用罗兴武等（2018）的量表，包括"该品牌拥有不同于行业中其他对手的营销渠道""该品牌经常巩固和扩大现有市场的营销渠道"九个指标测项。

（三）老字号品牌绩效

本研究分别从消费者视角和企业视角衡量老字号的品牌绩效。消费者视角的品牌绩效测量借鉴鲍姆加特和施密特（Baumgarth and Schmidt，2010）以及金和玄（Kim and Hyun，2011）开发的量表，该量表已由张婧和邓卉（2013）在中国情境下施测，包括"我愿意花更高的价格购买该品牌""我愿意以后继续与该企业交易"等四个指标测项。企业视角的品牌绩效量表借鉴鲍姆加特和施密特（Baumgarth and Schmidt，2010）的研究，该量表已由黄磊和吴朝彦（2017）在中国情境下施测，包括"我们已经在目标市场建立了很高的品牌知名度""我们已经建立了卓越的品牌声誉"等四个指标测项。

长寿、独特、可信、诚挚、产品创新、技术创新、市场创新、商业模式创新以及两种视角下的品牌绩效测量均采用李克特七点量表，并通过计算均值分别得到各变量的得分。分别将最高值设定为完全隶属成员，最低值设定为完全不隶属成员，平均值设定为分界线。通过这三个阈值的设定，本章利用 fsQCA3.0 统计软件分别将这些变量值转化为 0 ~ 1 的模糊得分，通过"Calibrate"赋值标准总结如表 5 - 2 所示。

表 5 - 2　　　　　　　　　　　　各变量阈值汇总

构念	阈值					
	基于消费者层面			基于企业层面		
	完全不隶属	分界线	完全隶属	完全不隶属	分界线	完全隶属
长寿	68.000	138.000	2126.000	68.000	127.000	2126.000
独特	1.250	5.006	6.750	3.750	5.765	6.750
可信	1.000	5.445	7.000	5.000	5.960	6.750
诚挚	2.000	5.375	7.000	4.750	5.767	7.000
产品创新	1.000	4.751	6.600	3.000	5.502	6.600
技术创新	1.400	4.807	6.600	2.200	5.539	6.600
市场创新	2.120	5.261	7.000	3.250	5.730	6.500
商业模式创新	2.120	4.972	6.670	3.000	5.528	6.556
品牌绩效	1.000	5.236	7.000	4.000	5.775	7.000

四、测量的信度和效度

本研究的企业视角的样本数量仅为 115 个，理论上无法满足信度和效度测试的数量标准，同时鉴于企业视角与消费者视角中的传承与创新的测量均采用同一量表，本章将分别采用 SPSS16.0 和 AMOS17.0 软件对消费者视角的测量进行信度和效度分析，其分析结果也基本能反映企业层面各测量变量的信度和效度。消费者视角各测项的信度和效度如表 5 - 3 所示。探索性因子分析显示，所有变量的 *Cronbach's* α 值均高于 0.8，表明各变量量表的内部一致性是可以接受的。为保证量表的内容效度，本研究均采用成熟量表且由国内学者测试。验证性因子分析结果显示，八因子模式具有较好的拟合优度（$RMSEA = 0.033$，$\chi^2/df = 1.393$，$CFI = 0.960$），各测项的因子载荷值均在 0.6 以上，所有变量的 *AVE* 值均大于 0.5，且 *CR* 值均大于 0.8，表明量表具有较好的收敛效度；同时各变量 *AVE* 值的平方根均大于其与其他变量的相关系数（见表 5 – 4），表明本量表具有较好的区分效度。表 5 – 4 结果也初步显示，除长寿外，传承与创新的单个因素显著提升品牌绩效。

表 5 – 3   消费者层面各变量的信度与效度分析

构念	指标题项	负载	*Cronbach's α*	*CR*	*AVE*
独特	该品牌/产品与众不同	0.823 ***	0.821	0.832	0.555
	该品牌/产品出类拔萃	0.739 ***			
	我认为该品牌/产品是独一无二的	0.686 ***			
	该品牌/产品与其他品牌/产品明显不同	0.723 ***			
可信	该品牌的承诺是可信的	0.766 ***	0.804	0.806	0.511
	该品牌做出了可靠的承诺	0.773 ***			
	该品牌有持续追求的明确理念	0.686 ***			
	该品牌承诺有清晰的指导思想	0.623 ***			
诚挚	该品牌保持了真我	0.732 ***	0.809	0.810	0.517
	该品牌信守承诺	0.692 ***			
	该品牌一直说话算话	0.758 ***			
	该品牌坚守了原则	0.691 ***			
产品创新	该品牌经常开发出深受市场欢迎的新产品与新服务	0.725 ***	0.822	0.848	0.528
	该品牌很大一部分利润都来自于所开发的新产品和新服务	0.721 ***			
	该品牌推出新产品和新服务的速度往往比竞争对手要快	0.750 ***			
	该品牌在产品/服务研究与开发方面拥有较强的实力	0.726 ***			
	该品牌一直努力开发可以把老产品改进为新产品的创新技能	0.709 ***			
技术创新	该品牌在产品技术与开发新产品方面做得很好	0.711 ***	0.842	0.843	0.518
	在流程技术和开发新生产流程方面，该品牌比竞争者更有创新性	0.751 ***			
	该品牌在经营中采用了新技术	0.703 ***			
	该品牌在利用信息技术方面有创新性	0.667 ***			
	该品牌在发挥高水平研究与开发职能方面有创新性	0.762 ***			

构念	指标题项	负载	Cronbach's α	CR	AVE
市场创新	该品牌一直在积极开拓新的市场	0.742 ***	0.887	0.902	0.534
	该品牌不断搜寻具有不同需求特征和行为模式的顾客群体信息	0.734 ***			
	该品牌致力于与多样化的顾客群体建立关系	0.736 ***			
	该品牌不断搜寻和建立多样化的分销渠道	0.709 ***			
	该品牌致力于拓展现有的市场	0.728 ***			
	该品牌不断挖掘现有市场中顾客的新需求特征	0.706 ***			
	该品牌努力为现有顾客提供更多的服务	0.728 ***			
	该品牌致力于与现有顾客建立稳固的关系	0.761 ***			
商业模式创新	该品牌以打破常规的方式，发现新机会，开拓新市场	0.772 ***	0.900	0.909	0.528
	该品牌拥有不同于行业中其他对手的营销渠道	0.743 ***			
	该品牌打造了利益相关者良性互动的商业生态圈，并在其中扮演核心角色	0.686 ***			
	该品牌主导新颖的交易机制，在商业模式中构建新的运作流程、惯例和规范	0.766 ***			
	该品牌在市场开辟方面，倾向于对市场领导者的跟随性创新	0.698 ***			
	该品牌经常巩固和扩大现有市场的营销渠道	0.690 ***			
	该品牌系统性地、频繁地检测交易伙伴的满意度，以更好地服务交易	0.718 ***			
	该品牌不断优化现有的流程、知识和技术	0.727 ***			
	该品牌坚持在既定的战略框架下分配人、财、物资源	0.733 ***			

续表

构念	指标题项	负载	*Cronbach's α*	*CR*	*AVE*
品牌绩效	我愿意花更高的价格购买该品牌	0.646 ***	0.810	0.819	0.532
	我愿意以后继续与该企业交易	0.777 ***			
	我愿意将公司的品牌推荐给其他人	0.781 ***			
	我愿意和该品牌维持长期的合作关系	0.705 ***			

注：*** 表示 $P < 0.01$，*CR* 表示组合信度，*AVE* 表示平均提取方差值。

表 5 – 4 　　　　　　消费者层面各变量的 AVE 值与相关系数

序号	构念	独特	可信	诚挚	产品创新	技术创新	市场创新	商业模式创新	品牌绩效
1	独特	0.745							
2	可信	0.588 **	0.715						
3	诚挚	0.525 **	0.645 **	0.719					
4	产品创新	0.451 **	0.463 **	0.442 **	0.727				
5	技术创新	0.498 **	0.520 **	0.507 **	0.769 **	0.720			
6	市场创新	0.456 **	0.549 **	0.574 **	0.533 **	0.588 **	0.731		
7	商业模式创新	0.484 **	0.485 **	0.488 **	0.704 **	0.725 **	0.684 **	0.727	
8	品牌绩效	0.521 **	0.505 **	0.567 **	0.517 **	0.517 **	0.606 **	0.611 **	0.730

注：** 表示 $P < 0.01$，对角线为 *AVE* 值的平方根。

第四节　数据分析与双元性构型组合

一、单项前因要素的充分性和必要性分析

在定性比较分析之前，本研究首先检验各前因要素是否为结果变量的必要和充分条件。如表 5 – 5 所示，消费者层面上的所有前因要素影响结果变量的必要性和充分性均未超过 0.9，企业层面上除市场创新外的各单项前因要素影响品牌绩效的必要性均未超过 0.9。因此，两个层面上所有单个前因要素对结果变量的实现均不构成充分必要条件。

表5-5　　　　　　　　前因变量的必要性和充分性检验结果

前因变量	消费者层面品牌绩效		企业层面品牌绩效	
	一致性	覆盖率	一致性	覆盖率
长寿	0.774	0.589	0.8151	0.605
~长寿	0.749	0.724	0.709	0.785
独特	0.856	0.848	0.792	0.825
~独特	0.721	0.531	0.715	0.578
可信	0.852	0.863	0.774	0.793
~可信	0.767	0.548	0.651	0.536
诚挚	0.863	0.836	0.802	0.738
~诚挚	0.751	0.570	0.715	0.664
产品创新	0.849	0.829	0.770	0.828
~产品创新	0.733	0.550	0.728	0.563
技术创新	0.853	0.832	0.777	0.864
~技术创新	0.712	0.536	0.702	0.517
市场创新	0.7289	0.552	0.786	0.906
~市场创新	0.876	0.849	0.687	0.478
商业模式创新	0.710	0.550	0.790	0.879
~商业模式创新	0.879	0.837	0.695	0.512

注："～"是指逻辑非，表示前因变量要素为"全出"（full-out）时的情况。

二、老字号品牌双元性构型组合

老字号传承或创新的单个要素并非是提升老字号品牌绩效不可或缺的变量，本章将探讨引致老字号高品牌绩效的品牌传承与创新构型组合的充分性解释。

（一）消费者层面高品牌绩效实现的双元性构型

消费者层面的样本共计362份，为剔除出现频率太低而不具有普遍性和代表性的前因要素组合，以避免最终构型中出现难以被重复验证的极端个例，本研究设立频数阈值为4；设定一致性阈值为0.9，保留能够显著引致高品牌绩效的前因要素组合。采用 fsQCA3.0 统计软件对 362 份消费者数据进行计算的结果显示（见表 5-6），存在八种能够引致高品牌绩效的前因要素构型，各前因要素构型的一致性均高于 0.8 且覆盖率在 0.005 和 0.177 之间，表明各种前因要素构型都有助于解释结果，证明了不同要素构型"殊途同归"的特性。总体一致率为 0.918，表明结果符合一致性阈值不低于 0.8 的要求，总体覆盖率为 0.760。

表 5-6   **基于消费者层面高品牌绩效实现的双元性构型**

构型	基于消费者层面的品牌绩效							
	C1			C2			C3	
	C1a	C1b	C1c	C2a	C2b	C2c	C3a	C3b
长寿		●	○		●		○	○
独特	●		●	●	●	○	○	○
可信	●	●		●	○	○	○	○
诚挚		●	●	●	○	●	○	○
产品创新	●	●	●	○	○	○	○	●
技术创新	●	●	●	○	○	○		
市场创新	○	○	○		●	●	●	●
商业模式创新	○	○	○	●	●	●	○	●
原始覆盖率	0.644	0.446	0.508	0.296	0.268	0.313	0.256	0.268
独特覆盖率	0.048	0.012	0.005	0.016	0.006	0.011	0.004	0.008
一致率	0.970	0.982	0.974	0.974	0.932	0.939	0.949	0.937
总体覆盖率	0.760							
总体一致率	0.918							

注：●表示该条件存在；○表示该条件缺失；"空白"表示构型中该条件可存在，也可不存在。

在传承与创新等多个因素的复杂作用下，基于消费者层面的高品牌绩效呈现出三种主要构型，即市场创新和商业模式创新缺失的 C1 构型，产品创新和技术创新缺失的 C2 构型以及传承缺失的 C3 构型。

首先，在市场创新和商业模式创新缺失的 C1 构型中，产品创新和技术创新作为因果条件而存在，老字号高品牌绩效的实现又呈现三种因果性条件存在或缺失的复杂情况。C1a 通过独特和可信实现高品牌绩效；C1b 通过长寿、可信和诚挚实现高品牌绩效；C1c 则是在长寿缺失的情况下，通过独特和诚挚实现高品牌绩效。具体来说，在市场创新和商业模式创新缺失的情况下，老字号高品牌绩效的实现需要得到产品创新和技术创新的支持以及部分传承的实施（包括独特和可信，长寿、可信和诚挚，独特和诚挚）。因此，基于消费者层面实现老字号高品牌绩效的第一种品牌双元性构型为：

类型一：在市场创新和商业模式创新缺失的情景下，可以通过产品创新和技术创新的同时做好独特和可信（C1a），做好长寿、可信和诚挚（C1b）以及对于忽略长寿的老字号需要重视老字号的独特和诚挚（C1c）。

其次，C2 构型的特征体现为老字号缺失产品创新和技术创新，但重视商业模式创新，这种构型又呈现出三种因果性条件存在或缺失的复杂情况。C2a 构型表明，高品牌绩效的实现需要具备较高的独特、可信和诚挚；C2b 构型中，在可信和诚挚缺失的情景下，老字号不仅要做好长寿和独特，还要重视市场创新；C2c 构型则表明，在缺失独特和可信的情景下，高品牌绩效的实现需要同时兼顾诚挚和市场创新。因此，基于消费者层面实现老字号高品牌绩效的第二种品牌双元性构型为：

类型二：在产品创新和技术创新缺失的情景下，商业模式创新不可缺失，老字号或通过独特、可信和诚挚（C2a），或在缺失可信和诚挚的情况下，重视长寿、独特和市场创新（C2b），或在独特和可信缺失的情景下做好诚挚和市场创新（C2c）。

另外，在缺失传承的构型 C3 中，C3a 构型表现为产品创新、技术创新和商业模式创新不出现，市场创新的出现能够获取高品牌绩效；C3b 构型表明，在技术创新缺失的情况下，老字号高品牌绩效的实现需要同时做好产品创新、市场创新和商业模式创新。本章认为，C3 路径完全缺失传承，符合这种情境的老字号企业虽通过创新能够实现品牌成长，但完全抛弃传承的做法将使老字号失去"老"，这种形式的构型并非老字号品牌双元性的构型。

（二）企业层面高品牌绩效实现的双元性构型

本研究采用 fsQCA3.0 统计软件对 24 家安徽省中华老字号企业管理人员和普通员工的 115 份问卷数据做构型分析①。为避免因样本量偏少而出现不

---

① 针对"胡开文"老字号企业的问卷收集数量仅为 2 份，但因"品牌熟悉度"测试分值分别仅为 1，均被视为无效问卷。因此，针对企业层面的问卷共涉及 24 家安徽省中华老字号企业。

易被重复验证的个体现象，设立频数阈值为3，设定一致性阈值为0.8，保留能够显著引致高品牌绩效的前因要素组合。研究的分析结果如表5－7所示，存在四种能够引致高品牌绩效的前因要素构型。除构型B4外，其他前因要素构型的一致性均高于0.8，且覆盖率均在0.012和0.053之间，即表明B1、B2和B3前因要素构型均有助于解释结果，证明了不同要素构型"殊途同归"的特性。总体一致率为0.849，表明结果符合本研究一致性阈值不低于0.8的要求，总体覆盖率为0.657。

表5－7　　　　　　基于企业层面品牌绩效实现的双元性构型

构型	B1	B2	B3	B4
长寿		●	○	
独特	●			○
可信	●	●	●	○
诚挚	○	●	●	○
产品创新	●	●	●	○
技艺创新	●	●	●	○
市场创新	●	●	●	○
商业模式创新	●	●	●	○
原始覆盖率	0.561	0.371	0.473	0.273
独特覆盖率	0.053	0.012	0.023	0.053
一致率	0.930	0.9581	0.924	0.786
总体覆盖率	0.657			
总体一致率	0.849			

注：●表示该条件存在；○表示该条件缺失；"空白"表示构型中该条件可存在，也可不存在。

可以看出，基于企业视角的高品牌绩效实现呈现出三种基本构型：第一，通过产品创新、技术创新、市场创新、商业模式创新、独特和可信实现高品牌绩效；第二，在诚挚缺失的背景下，通过产品创新、技术创新、市场创新、商业模式创新、长寿和可信实现高品牌绩效；第三，在长寿缺失的背景下，通过产品创新、技术创新、市场创新、商业模式创新、可信和诚挚实现高品牌绩效。

第五节　老字号品牌双元性概念修订与路径实现

以阴阳互动论为基础，结合数据分析的结果，本章系统比较和分析了老字号品牌双元性实现路径，并修订和阐释老字号品牌双元性的内涵。

一、老字号品牌双元性概念修订

为摆脱传承与创新"非此即彼"的实证研究思维，本章基于中国传统哲学阴阳互动论进一步构建和阐释老字号品牌双元性概念及其特征。管理活动有积极和消极正反两方面，这些相互依存且对立的特征表现为阴阳表征（王在华，2010）。在老字号的长期品牌管理中，品牌创新体现为主动、积极、快速、运动等，具有"阳"表征；品牌传承体现为被动、消极、缓慢、静止等，具有"阴"表征。老字号的双元性就是通过品牌传承和品牌创新"相生相克"的阴阳互动实现的。

首先，传承与创新阴阳对立，这是老字号品牌双元性的基础。具体体现为：第一，相互对立的传承与创新分别体现为"阴"和"阳"的特征，产品创新、技术创新、市场创新和商业模式创新为"太阳"的范畴，长寿、独特、可信和诚挚为"太阴"的范畴。"太阳"和"太阴"泾渭分明，传承旨在维系和传递一致的品牌知识以保持品牌的不变性，创新则是通过改变品牌知识重塑品牌形象，两者目标一致，即提升品牌资产。第二，传承与创新所包含的单个变量并非一定是老字号高品牌绩效实现的充分必要条件，该变量可与其他变量共同作用，从而引致品牌绩效的提升。表5-4的数据结果显示，老字号独特、可信、诚挚、产品创新、技术创新、市场创新和商业模式创新显著影响老字号品牌绩效，即表明这些传承或创新要素能够独立影响老字号的品牌成长，验证了已有学者的观点（许晖等，2018）。长寿不显著影响老字号品牌绩效，究其原因可能在于，本研究所调研的25家中华老字号的品牌寿命跨度时间较长，不同品牌寿命之间的差异较大，以此变量数据应用于线性统计将无法确保该变量的信度和效度。但长寿在本章构建的情境路径中均以存在或缺失的角色影响品牌绩效，在特定情境中仍被置于"太阴"范畴。

其次，传承与创新阴阳互动，这是老字号品牌双元性被激活的内在机理。"太阴"和"太阳"中包含的白点和黑点为"鱼眼"，分别被称为"少阳"和"少阴"。前者表示为传承中有创新，后者则意为创新中有传承，品牌传承与品牌创新是并存、消长和相互作用的。阴阳中的"鱼眼"是事物"阴赖阳生，阳赖阴长"发展的内在机理，老字号品牌双元性就是在传承与创新的并存与消长中实现的。

第一，品牌传承与品牌创新并存。基于消费者和企业视角的实证结果构建了传承与创新九种类型的并存状态，反映了不同情境下老字号品牌双元性的形式，具体如表5-8所示。一方面，传承与创新是共同存在、相互包容和滋生的。"孤阴则不生，独阳则不长""一阴一阳谓之道"，传承与创新是老字号长期品牌不可或缺的矛盾统一体，老字号传承需要通过创新满足市场需求，而创新中的精髓需要通过传承得以延续。否则，遗失传承的创新将令老字号失去"老"，而不再是老字号，失去创新的传承将会使老字号无法满足市场需求的变化，而陷入老化的困境。另一方面，传承与创新的实施力度是有主次之分的。传承与创新的交互体现为阴阳中"鱼眼"的存在，例如，主体黑色（"太阴"）代表老字号的成长，以传承为主，而白色"鱼眼"代表创新，表明传承中滋生创新的状态。因定性比较分析法（QCA）无法解决不同构型中单个变量的权重问题，本章先分别构建以品牌绩效为结果变量、构型中存在的传承与创新要素为自变量的线性关系模型，通过线性回归分别统计各变量的相关系数，分别加总后通过比较传承与创新系数判断"少阴"或"少阳"状态是否存在。以构型C1a的结果为例，在市场创新和商业模式创新缺失的情境/类型1中，老字号双元性在理论上体现为"少阴"或"少阳"两种状态。其中，"少阳"状态下，"太阴"的范畴包括长寿、独特、可信和诚挚，"少阳"的范畴包括产品创新和技术创新，以上述阴阳变量为自变量、品牌绩效为因变量构建线性回归模型。统计结果显示，阳要素的相关系数总和（0.285）小于阴要素的相关系数总和（<0.532），即表明阴要素（传承）的影响力度大于阳要素（创新）。这一结果满足"阴为主，阳为辅"的"少阳"概念，此种情境

下，"少阳"被激活，即老字号双元性的形式体现为传承为主、创新为辅的并存状态。同理，情境/类型1中的"少阴"状态并未被激活，表明情境/类型1中的老字号双元性形式并不体现为"少阴"状态。以此类推，老字号品牌双元性在不同构型中的"鱼眼"形式如表5-8所示。其中，情境/类型1、2、3中的老字号品牌双元性体现为阴盛阳衰；情境/类型5、6、7、8、9中体现为阳盛阴衰；情境/类型4中体现为阴阳平衡。

表5-8　基于阴阳互动理论的老字号品牌双元性情境、要素与机理

阴阳形态		阳范畴：产品创新、技术创新、市场创新、商业模式创新 阴范畴：独特、可信、诚挚、长寿

消费者视角

情境/类型1：市场创新和商业模式创新缺失

双元性要素	独特+可信+产品创新+技术创新			
机理	鱼眼	少阴		少阳	
	属性	阴	阳	阴	阳
	要素	独特、可信	产品创新、技术创新	长寿、独特、可信、诚挚	产品创新、技术创新
	权重	0.440	0.345	0.532	0.285
		$R^2=0.229$；$F=60.671$**		$R^2=0.405$；$F=48.288$***	
	作用	不存在		存在	

情境/类型2：市场创新和商业模式创新缺失

双元性要素	长寿+可信+诚挚+产品创新+技术创新			
机理	鱼眼	少阴		少阳	
	属性	阴	阳	阴	阳
	要素	长寿、可信、诚挚	产品创新、技术创新	长寿、独特、可信、诚挚	产品创新、技术创新
	权重	0.418	0.331	0.532	0.285
		$R^2=0.428$；$F=53.265$***		$R^2=0.405$；$F=48.288$***	
	作用	不存在		存在	

续表

情境/类型 3：长寿、市场创新和商业模式创新缺失				
双元性要素		独特 + 诚挚 + 产品创新 + 技术创新		
机理	鱼眼	少阴		少阳	
	属性	阴	阳	阴	阳
	要素	独特、诚挚	产品创新、技术创新	独特、可信、诚挚	产品创新、技术创新
	权重	0.533	0.298	0.553	0.287
		$R^2 = 0.447$；$F = 72.132$ ***		$R^2 = 0.449$；$F = 58.015$ ***	
	作用	不存在		存在	

情境/类型 4：产品创新和技术创新缺失				
双元性要素		独特 + 可信 + 诚挚 + 商业模式创新		
机理	鱼眼	少阴		少阳	
	属性	阴	阳	阴	阳
	要素	独特、可信、诚挚	市场创新、商业模式创新	长寿、独特、可信、诚挚	商业模式创新
	权重	0.405	0.480	0.467	0.374
		$R^2 = 0.513$；$F = 74.884$ ***		$R^2 = 0.494$；$F = 69.428$ ***	
	作用	存在		存在	

情境/类型 5：可信、诚挚、产品创新和技术创新缺失				
双元性要素		长寿 + 独特 + 市场创新 + 商业模式创新		
机理	鱼眼	少阴		少阳	
	属性	阴	阳	阴	阳
	要素	长寿、独特	市场创新、商业模式创新	长寿、独特	市场创新、商业模式创新
	权重	0.209	0.586	0.209	0.586
		$R^2 = 0.480$；$F = 84.231$ ***		$R^2 = 0.480$；$F = 84.231$ ***	
	作用	存在		不存在	

情境/类型 6：独特、可信、产品创新和技术创新缺失				
双元性要素		诚挚 + 市场创新 + 商业模式创新		
机理	鱼眼	少阴		少阳	
	属性	阴	阳	阴	阳
	要素	诚挚	市场创新、商业模式创新	长寿、诚挚	市场创新、商业模式创新
	权重	0.282	0.544	0.233	0.545
		$R^2 = 0.492$；$F = 115.478$ ***		$R^2 = 0.488$；$F = 48.777$ **	
	作用	存在		不存在	

续表

企业视角				
情境/类型7：一般情境				
双元性要素	独特+可信+产品创新+技术创新+市场创新+商业模式创新			
机理	鱼眼	少阴		少阳	
	属性	阴	阳	阴	阳
	要素	独特、可信	产品创新、技术创新、市场创新、商业模式创新	长寿、独特、可信、诚挚	产品创新、技术创新、市场创新、商业模式创新
	权重	0.238	0.588	0.226	0.582
		$R^2=0.486$；$F=16.998***$		$R^2=0.491$；$F=12.775***$	
	作用	存在		不存在	

情境/类型8：诚挚缺失				
双元性要素	长寿+可信+产品创新+技术创新+市场创新+商业模式创新			
机理	鱼眼	少阴		少阳	
	属性	阴	阳	阴	阳
	要素	长寿、可信	产品创新、技术创新、市场创新、商业模式创新	长寿、独特、可信	产品创新、技术创新、市场创新、商业模式创新
	权重	0.15	0.638	0.184	0.592
		$R^2=0.470$；$F=15.949***$		$R^2=0.454$；$F=14.547***$	
	作用	存在		不存在	

情境/类型9：长寿缺失				
双元性要素	可信+诚挚+产品创新+技术创新+市场创新+商业模式创新			
机理	鱼眼	少阴		少阳	
	属性	阴	阳	阴	阳
	要素	可信、诚挚	产品创新、技术创新、市场创新、商业模式创新	独特、可信、诚挚	产品创新、技术创新、市场创新、商业模式创新
	权重	0.139	0.623	0.282	0.578
		$R^2=0.438$；$F=15.818***$		$R^2=0.455$；$F=14.600***$	
	作用	存在		不存在	

注：*** 表示 $P<0.01$；权重体现为不同情境下阴（或阳）要素影响品牌绩效的系数之和，以此表示传承（阴）或创新（阳）对品牌成长的整体作用程度。

第二，传承与创新是消长的。老字号传承或创新的此消彼长会带来品牌双元情境的变化，老字号品牌双元性的形式也会随之变化，变化的最终状态是阴阳平衡。如置于产品创新和技术创新缺失情境下的老字号品牌双元性体现为情境/类型4；如若可信和诚挚又出现缺失，那么老字号品牌双元性的形式就会变化为情境/类型5；如若老字号加大了产品创新和技术创新，老字号品牌双元性的类型就会转化为情境/类型6。因此，品牌双元性又是情境性概念，在老字号不同的发展情境中，其表现形式是不同的，且双元性的形式随着传承与创新情境的变化而变化。其中，情境意为老字号品牌传承与创新的发展状况，情境缺失表现为老字号在传承与创新方面面临的困境。由此，本研究将老字号品牌双元性定义为促进老字号成长的传承与创新的情境性共存与组合。

二、老字号品牌双元性路径实现

老字号品牌双元性的实现路径具体包含路径情境、双元性要素、交互、实现效果等信息。路径情境是指实施品牌传承与创新的情境，体现的是品牌传承与创新的缺失要素，也反映了老字号品牌传承与创新所处的困境；双元性要素是双元性路径包含的传承与创新要素，体现的是传承与创新的存在要素；交互是指双元性路径中品牌传承与品牌创新的并存与转化，体现的是路径中品牌传承与品牌创新的相关关系和演变；实施效果是指双元性路径的实施能够提升老字号品牌绩效。研究发现，老字号品牌双元性不同的形式"殊途同归"，品牌传承与品牌创新的并存组合构建了不同情境下老字号品牌双元性的实现路径。

（一）品牌双元性路径实现形式

1. 如表5-8和表5-9所示，路径1的情境为老字号市场创新和商业模式创新缺失；老字号品牌双元性要素包括独特、可信、产品创新和技术创新；双元性交互体现为"少阳"状态，即以独特、可信为主，以产品创新和技术创新为辅，最终实现老字号的高品牌绩效。因此，老字号品牌双元性实现的路径1为：市场创新和商业模式创新缺失时，高品牌绩效的实现应以独特、可信等品牌传承为主，以产品创新和技术创新等品牌创新为辅。

2. 路径 2 的情境为老字号市场创新和商业模式创新缺失；老字号品牌双元性要素包括长寿、可信、诚挚、产品创新和技术创新；双元性交互体现为"少阳"状态，即以长寿、可信和诚挚为主，以产品创新和技术创新为辅，最终实现老字号的高品牌绩效。因此，老字号品牌双元性实现的路径 2 为：市场创新和商业模式创新缺失时，高品牌绩效还可以通过以长寿、可信和诚挚等品牌传承为主，以产品创新和技术创新等品牌创新为辅来实现。

3. 路径 3 的情境为老字号长寿、市场创新和商业模式创新缺失；老字号品牌双元性要素包括独特、诚挚、产品创新和技术创新；双元性交互体现为"少阳"状态，即以独特和诚挚为主，以产品创新和技术创新为辅，最终实现老字号的品牌绩效。因此，老字号品牌双元性实现的路径 3 为：长寿、市场创新和商业模式创新缺失时，高品牌绩效的实现应以独特和诚挚等品牌传承为主，以产品创新和技术创新等品牌创新为辅。

4. 路径 4 的情境为老字号产品创新和技术创新缺失；老字号品牌双元性要素包括独特、可信、诚挚和商业模式创新；双元性交互体现为"少阳"或"少阴"状态，此种情境下，"少阳"和"少阴"状态均被激活，即以独特、可信和诚挚为主，以商业模式创新为辅，或者以商业模式创新为主，以独特、可信和诚挚为辅，均可最终实现老字号的高品牌绩效。因此，老字号品牌双元性实现的路径 4 为：产品创新和技术创新缺失时，高品牌绩效可以通过以独特、可信和诚挚等品牌传承为主，以商业模式创新为辅来实现，也可以通过以商业模式创新为主，以独特、可信和诚挚等品牌传承为辅来实现。

5. 路径 5 的情境为老字号可信、诚挚、产品创新和技术创新缺失；老字号品牌双元性要素包括长寿、独特、市场创新和商业模式创新；双元性交互体现为"少阴"状态，即以市场创新和商业模式创新为主，以长寿和独特为辅，最终实现老字号的高品牌绩效。因此，老字号品牌双元性实现的路径 5 为：可信、诚挚、产品创新和技术创新缺失时，高品牌绩效的实现应以市场创新和商业模式创新等品牌创新为主，以长寿和独特等品牌传承为辅。

6. 路径 6 的情境为老字号独特、可信、产品创新和技术创新缺失；老字

号品牌双元性要素包括诚挚、市场创新和商业模式创新；双元性交互体现为
"少阴"状态，即以市场创新和商业模式创新为主，以诚挚为辅，最终实现
老字号的高品牌绩效。因此，老字号品牌双元性实现的路径 6 为：独特、可
信、产品创新和技术创新缺失时，高品牌绩效的实现应以市场创新和商业模
式创新等品牌创新为主，以诚挚为辅。

7. 路径 7 的情境为老字号并无传承或创新要素缺失，即一般情境；老字
号品牌双元性要素包括独特、可信、产品创新、技术创新、市场创新和商业
模式创新；双元性交互体现为"少阴"状态，即以产品创新、技术创新、市
场创新和商业模式创新为主，以长寿和可信为辅，最终实现老字号的高品牌
绩效。因此，老字号品牌双元性实现的路径 7 为：一般情境下，高品牌绩效
的实现应以产品创新、技术创新、市场创新和商业模式创新等品牌创新为
主，以独特和可信等品牌传承为辅。

8. 路径 8 的情境为老字号诚挚缺失；老字号品牌双元性要素包括长
寿、可信、产品创新、技术创新、市场创新和商业模式创新；双元性交
互体现为"少阴"状态，即以市场创新和商业模式创新为主，以长寿和
可信为辅，最终实现老字号的高品牌绩效。因此，老字号品牌双元性实
现的路径 8 为：诚挚缺失时，高品牌绩效的实现应以产品创新、技术创
新、市场创新和商业模式创新等品牌创新为主，以长寿和可信等品牌传
承为辅。

9. 路径 9 的情境为老字号长寿缺失；老字号品牌双元性要素包括可信、
诚挚、产品创新、技术创新、市场创新和商业模式创新；双元性交互体现为
"少阴"状态，即以产品创新、技术创新、市场创新和商业模式创新为主，
以可信和诚挚为辅，最终实现老字号的高品牌绩效。因此，老字号品牌双元
性实现的路径 9 为：长寿缺失时，高品牌绩效的实现应以产品创新、技术创
新、市场创新和商业模式创新等品牌创新为主，以可信和诚挚等品牌传承
为辅。

（二）品牌双元性路径比较与归纳

依据老字号双元性路径中传承与创新的核心任务与性质，本研究在文献
的基础上将 9 条路径归纳为 4 种类型，具体如表 5-9 所示。

表 5–9　　　　　　　　老字号品牌双元性路径模式

视角	类型	构型	情境	路径	比较	理论推论
消费者视角	突破型	C1a	市场创新和商业模式创新缺失	独特、可信、产品创新和技术创新并存	重传承	此形式的核心视角在于技术，即在老字号的产品、工艺上创造了全新的特色，在原有产品基础上，产品性能或成本有了较大的改进。符合这类情境的老字号企业倾向于产品观念，专注于在原有基础上的连续性创新，但在市场创新和商业模式创新方面投入不足
		C1b		长寿、可信、诚挚、产品创新和技术创新并存	重传承	
		C1c	长寿、市场创新和商业模式创新缺失	独特、诚挚、产品创新和技术创新并存	重传承	
	破坏型	C2a	产品创新和技术创新缺失	独特、可信、诚挚和商业模式创新并存	对等	此形式的核心视角在于市场细分和价值体系，即老字号通过向顾客提供全新的价值体验，改变老字号的竞争规则，重塑老字号企业的竞争优势。符合这类情境的老字号企业专注于市场创新和商业模式创新，但在产品和技艺方面创新投入不足
		C2b	可信、诚挚、产品创新和技术创新缺失	长寿、独特、市场创新和商业模式创新并存	重创新	
		C2c	独特、可信、产品创新和技术创新缺失	诚挚、市场创新和商业模式创新并存	重创新	
企业视角	全面创新型	B1	通用	产品创新、技术创新、市场创新、商业模式创新、独特和可信并存	重创新	全面地创新和有限地传承，在老字号振兴的背景下体现出"重在传承，胜在创新"的老字号发展之路
		B2	诚挚缺失	产品创新、技术创新、市场创新、商业模式创新、可信和长寿并存	重创新	全面地创新和有限地传承，但在缺失诚挚的情境下需诉求老字号的寿命，而在老字号寿命缺失的情况下则需诉求老字号的诚挚
		B3	长寿缺失	产品创新、技术创新、市场创新、商业模式创新、可信和诚挚并存	重创新	

　　首先，在市场创新和商业模式创新缺失的情境下，路径 C1 以传承为主，以产品和技艺的创新为辅。该双元性实现路径适用于奉行"产品观念"的老

字号企业成长，在缺失市场创新和商业模式创新的情境下传承是基础，如或做好老字号的独特和可信，或做好老字号的可信、诚挚和长寿，而对于寿命存续较短的老字号企业而言，还需做好独特和诚挚。此种类型的路径核心视角在于技术，即老字号在产品、工艺上创造了全新的特色，在原有产品基础上，产品性能或成本得到了较大的改进。具体而言，老字号通过产品和技术创新使其产品、工艺的特征或是得到了前所未有的提升，或是特征相似但性能和成本得以显著提升，或是创造出了一种新产品，这符合科特尼科夫（Kotelnikov，2000）提出的突破式创新的三大条件，本项研究将路径 C1 视为突破型双元模式。

与路径 C1 相反，路径 C2 体现为在产品创新和技术创新的情境中，老字号的主要任务应以市场创新和商业模式创新为主（C2a 体现为对等）、传承为辅。此种模式较常见于通过外部创新实现品牌活化的老字号企业，它们致力于挖掘顾客新需求、开拓新市场、打造新的商业模式等。此路径的核心视角在于市场细分和价值体系，即老字号通过向顾客提供全新的价值体验，改变老字号的竞争规则，重塑老字号企业的竞争优势。这是一种通过低端破坏和开拓新兴市场等创造独特的价值，从而改变产业竞争规则的非持续创新（Govindarajan and Kopalle，2006），本项研究将其视为破坏型双元模式。

企业视角的老字号品牌双元性实现路径有三条。路径 B1 揭示了一般情境下老字号企业高品牌绩效实现的双元组合，即老字号高品牌绩效的实现应以产品创新、技术创新、市场创新和商业模式创新等全面的创新为主，以做好独特和可信为辅。路径 B2 和路径 B3 分别缺失诚挚和长寿，前者通过以产品创新、技术创新、市场创新和商业模式创新为主，可信和长寿并存实现高品牌绩效，而后者则通过四大创新为主、可信和诚挚并存实现高品牌绩效。可以看出，高品牌绩效实现的前因要素中，长寿和诚挚的关系表面虽呈互斥，实质上却为互补，即存续时间短，而在寿命上不具优势的老字号应该用行动履行和实现品牌的信条与承诺，而在诚挚上有所欠缺的老字号则需要诉求品牌历史的悠久。

比较消费者和企业两种视角，本章进一步发现：第一，相较于消费者层面，企业层面更注重品牌创新。本项研究显示，不仅产品创新、技术创新、市场创新和商业模式创新都存在于路径 B1、路径 B2 和路径 B3 中，而且在这些路径中，"少阴"状态分别被激活，这表明老字号企业认为创新是企业的重要战略。但消费者层面并非完全认同和支持老字号创新的效果，不仅路径组合中或内部创新有所缺失，或外部创新存在不足，而且路径 C1 中"少阳"状态分别被激活。第二，老字号高品牌绩效实现的双元模式可以归纳为情境路径和通用路径两种路径形式。路径中前因要素的缺失意指老字号在该要素的实施上存在不足，表明老字号所面临的传承与创新方面的不同困境。本研究依据路径结果中前因要素的存在与缺失将老字号品牌传承与创新划分为通用模式和情境模式。通用模式出现在企业层面中，意指无论影响老字号高品牌绩效的所有前因要素存在或不存在，老字号的成长需要做好独特、可信和四大创新，即这种模式一般适用于老字号，并不存在传承或创新缺失的情境。情境模式同时存在于消费者层面和企业层面，意指老字号在传承与创新要素缺失情境下采用的路径模式。消费者层面上细分出五种老字号发展情境中的六种传承与创新路径（见表 5-8 和表 5-9）。例如，在老字号面临市场创新和商业模式创新不足的困境时，可以通过做好老字号的独特、可信、产品和技术创新路径实现老字号成长，或者也可以通过做好长寿、可信、诚挚、产品创新和技术创新实现老字号成长。同种情境下可以通过两种不同路径实现品牌成长，进一步验证"殊途同归"的路径效果。第三，老字号品牌双元性实现路径是动态的。老字号品牌双元性是情境性的，若品牌传承与创新活动改变了老字号的发展情境，品牌双元性的实现路径就应随之发生变化。例如，随着老字号寿命的延续或品牌历史的挖掘，缺失市场创新和商业模式创新的老字号企业将会从路径 C1c 调整为路径 C1a 或 C1b。传承与创新是此消彼长和永无静止的，老字号的成长就是在品牌双元性路径的动态调整中实现的。因此，老字号品牌双元性的实现路径并无优劣之分，它的实现是情境性和动态性的，即最优路径的实现是在特定情境下传承与创新的并存组合，而情境的变化又会迫使老字号企业选择其他最优路径。

第六节　研究小结

本章探索和揭示了老字号品牌传承与创新"悖论"的解决机制，得出了以下研究结论。

第一，老字号品牌双元性是能够提升品牌绩效的品牌传承与创新活动的情境性共存与组合。基于阴阳互动论，本章认为，老字号品牌双元性中的品牌传承与创新表现为阴阳表征，品牌传承与创新的阴阳对立是老字号品牌双元性实现的基础，传承与创新的阴阳互动是老字号品牌双元性实现的内在机理，老字号的品牌双元性就是不同情境下传承与创新的情境性并存状态。老字号品牌双元性有两种视角下的九种情境概念，在不同的情境中，品牌传承要素和品牌创新要素相生、并存和消长。

第二，老字号品牌双元性实现路径包含情境路径和通用路径两种形式。情境路径是老字号在部分传承或创新要素缺失，即面临特定老化情境时品牌双元性的实现形式，包含产品创新和技术创新主要缺失、市场创新和商业模式创新主要缺失以及部分传承要素主要缺失的 8 种实现路径；通用路径是一般情境中老字号品牌双元性的实现方式，是老字号发展的一般模式。

第三，老字号品牌双元性实现路径体现为 3 种类型，包括以技艺为核心的突破型、以市场细分和价值体系为核心的破坏型，以及全面创新型。突破型双元性路径适用于倾向奉行产品观念的老字号，它们重传承，专注于在原有资源上的连续性创新；破坏型双元性路径适用于通过外部创新实现老字号活化的老字号企业，它们重市场和商业模式创新；全面创新型双元性路径强调全面创新，以全面创新为主和部分传承为辅。

第四，老字号品牌双元性的路径实现是情境性和动态性的。从静态角度看，不同传承与创新要素的并存组合构建了不同情境下品牌双元性的实现路径，实现路径本身并无优劣之分，老字号可以针对性地选择适应当下情境的成长路径，即验证了老字号成长"殊途同归"。从动态角度看，品牌双元性路径的实现是动态性和阶段性的，传承与创新的实施导致老字号情境发生变化，迫使老字号企业选择对应情境下的最优路径。

| 第六章 |

老字号品牌发展模式

数百、数千年的发展表明，老字号企业的成长是内生性的，老字号屹立百年仍延续和兴旺归功于老字号企业科学性和艺术性地处理好传承、创新与品牌成长的关系，逐步形成了稳定且较强的内生成长能力。但当下的市场情形是老字号企业及其品牌的发展境况各有不同，传承或创新的任务也各有所异，因此，老字号企业采取的品牌传承与创新发展模式也不尽相同。

本章认为，受老字号历史渊源和政府扶持政策的影响，目前的老字号企业品牌传承与创新情况有三种类型：（1）受 2006 年老字号振兴工程的政策激励，部分老字号企业重视品牌的寿命、独特产品、技艺和文化的传承以及良好的信誉，专注于以传承为使命，却易于忽略创新，本章称之为"守旧"型；（2）受到市场创新环境的刺激和商务部 2017 年印发的《关于促进老字号改革创新发展的指导意见》的政策引导，部分老字号企业转向于全面创新，品牌跨界、转型等屡试不爽，但却忽略了坚守，从而脱离了老字号的本质，本章将其称之为"转化"型；（3）老字号"功在传承，胜在创新"，传承与创新老字号对于文化自信提升、传统企业转型升级尤其新国货品牌崛起和满足人民日益增长的美好生活需要具有重要的作用，因此，本章将兼顾品牌传承与创新的老字号称为"双元"型老字号。使命和发展战略不同，不同老字号企业的品牌发展模式也就不尽相同。

本章基于老字号品牌传承路径实现、品牌创新路径实现以及品牌双元性路径实现的实证研究与阐释，分别提出适用于以传承为企业使命的"守旧"型老字号品牌传承发展模式，适用于以创新为战略任务的"转化"型老字号品牌创新发展模式，以及兼顾品牌传承与创新均衡发展的"双元"型老字号品牌双元性发展模式。需要指出的是，首先，不同的品牌发展模式并无优劣之分，只有适用情境不同，老字号企业在战略和使命的驱动下针对性地选择情境化的发展模式。其次，老字号品牌成长"相机行事"，老字号企业应根据品牌传承与创新的变化，即发展情境适应性调整品牌发展模式。不同的发展模式"殊途同归"，最终促进老字号的振兴与成长。具体战略如表6－1所示。

表6－1　　　　　　　　不同老字号类型和情境下的品牌发展路径

老字号类型	情境	路径
守旧型	长寿缺失	文脉型发展模式
	长寿、独特、可信和民族性缺失	
	通用	
	长寿、可信、诚挚、民族性缺失	真实型发展模式
	通用	
转化型	开拓性商业模式创新缺失	积极进取的市场开发
	产品创新、技术创新和商业模式创新缺失	
	技术创新、市场创新和商业模式创新缺失	谨慎发展的产品创新
	通用	
	开发式市场创新缺失	保守稳健的商业模式创新
	通用	
双元型	市场创新和商业模式创新缺失	突破型发展模式
	长寿、市场创新和商业模式创新缺失	
	产品创新和技术创新缺失	破坏型发展模式
	可信、诚挚、产品创新和技术创新缺失	
	独特、可信、产品创新和技术创新缺失	
	通用	稳健型发展模式

资料来源：作者根据本章内容整理而得。

第一节　老字号品牌传承发展模式

老字号是中华民族重要的精神文化和物质文化遗产，虽历经岁月的洗礼，但仍都蕴含着创业的艰辛和守业的诚挚，以及独特的产品和技艺传承，这些是它们的立身之本。老字号重在传承，不传承将失去"老"，而不再被称为老字号。守住老字号的"老"，老字号才会得到延续。因此，针对以传承为使命的老字号企业，本章在对比和总结消费者视角和企业视角下引致品牌绩效的老字号品牌传承构型实现的基础上，提出老字号品牌文脉型发展和真实型发展两种品牌传承发展模式。

一、文脉型发展模式

"越是民族的越是世界的"，老字号得以被青睐的主要原因在于消费者对其蕴含的民族历史和传统文化的强烈认同、归属和忠诚（Balmer and Chen，2015），本章由此提出老字号品牌文脉型发展模式。文脉即"文化的脉络"，表现为丰富的文化性及其发展中的延续性。文脉型发展就是老字号品牌以民族性为主线、强调诚挚性的文化型发展形式，呈现为高品牌权益实现的传承构型 CHa。老字号品牌蕴含的民族文化遗产是老字号独有的禀赋资源，是老字号振兴中品牌价值提升的重要来源。

首先，该战略强调以传统文化为基础，包括建立品牌意义和价值的文化张力、遗产、历史和神话。习近平总书记曾强调，传统文化是独特的战略资源，中国特色要"讲清楚中华优秀传统文化是中华民族的突出优势，是我们最深厚的文化软实力"，老字号品牌传承与发展的核心与关键是挖掘品牌蕴含的民族特色和历史文化。面临"定位低端"的困境，老字号品牌——"百雀羚"立足"草本"文化，通过对"草本"文化内核的提炼和坚守，挖掘产品文化之美和传播传统文化的魅力，塑造了特色鲜明的"草本"形象。

其次，该战略要求民族化特征要持之以恒地体现在品牌定位、产品设计和传播上。老字号品牌应通过挖掘独特和鲜明的民族化元素以打造民族品牌形象，利用民族文化的独特内涵调动消费者的民族情感。同时，老字号产品或品牌的要素、功能、设计等应承载民族文化，营销沟通与传播的要素与方式应蕴含被中华民族普遍认同的价值观念和情感观念，即老字号企业应在经营管理上切实履行其民族化的情节、信条和文化。反之，言行相诡的企业行为会挫伤消费者的民族情节，久而久之将导致消费者对老字号的"淡漠心理"（王海忠 2006）。北京稻香村将诚信经营和精益求精的经营理念体现在品牌战略、经营和细节的管理上，通过把诚信经营上升为企业文化，选料近乎苛刻，以及服务顾客尽心尽责等品牌活动赢得了市场的口碑。

二、真实型发展模式

品牌真实性是消费者对品牌纯正性的主观评价（Napoli et al.，2014），其中，纯正性是对诸如产品、工艺、流程、文化、设计、产地等独特要素的一致性感知（Brown et al.，2003；徐伟等，2015）。基于品牌要素视角，徐伟等（2016）认为，真实的品牌既要拥有区别于其他品牌的原初要素即原真性，又要在品牌的现在和未来发展中维系其与原初要素的一致性即诚挚性，本章由此提出老字号品牌真实型发展模式。真实型发展模式是老字号品牌以其独特性为主线、强调诚挚性的差异化发展形式，发展模式的核心体现为坚守老字号原初的独特，即与众不同，呈现为高品牌权益实现的品牌传承 CHb 构型。该战略要求老字号企业充分挖掘、传承和保护品牌的原真实性要素，以此打造个性化的品牌烙印和独特的品牌形象（许晖等，2018）。

首先，明确和挖掘老字号原真实性要素。原真实性要素是消费者内心极力追求的老字号品牌要素，它存在于老字号的"后台"，包括配方神秘、产品和技艺独特、产地正宗、原料天然、非商业化等品牌内核（徐伟等，2012）。老字号企业应充分挖掘原真实性要素，如"狗不理"十八个褶的独特外形、"五粮液"神秘的"陈氏"五谷配方、"临涣酱包瓜"的"圆、嫩、鲜、脆"等，从而确立老字号"老"的独特品牌资产和竞争优势。

其次，推广和传播老字号品牌原真实性要素。品牌宣传不够和沟通僵化是老字号老化的主要原因之一（Lehu，2004），老字号应抛弃"好酒不怕巷子深"的陈腐观念，积极通过各类传播媒介，如新型社会化媒体推介其独特的原真实性要素，同时还应通过老字号品牌历史、品牌故事和品牌体验等强化老字号的原真实性要素感知。例如，百雀羚独家冠名腾讯视频的中国模特之星大赛总决赛、签约当红美妆博主、开展"周杰伦 – 听妈妈的话"母亲节主题活动等，借助网络社交向年轻消费群体推广和传播"草本"形象，赢得年轻消费群体对传统老字号化妆产品的关注。

第二节　老字号品牌创新发展模式

因市场需求和企业战略等方面的原因，老字号老化现象非常严重。为此，商务部等 16 部委于 2017 年 2 月联合印发《关于促进老字号改革创新发展的指导意见》，旨在为加快老字号品牌的改革创新发展提供政策支持和创新指导。与此同时，老字号企业也纷纷关注于产品、技术、渠道、商业模式和市场等形式的创新。而老字号的创新并非单一形式的创新，而是多种创新要素并存与相互作用的过程。因此，针对以创新为发展战略的老字号企业，基于消费者视角和企业视角的老字号品牌创新路径，本章提出积极进取的市场开发、谨慎发展的产品创新和保守稳健的商业模式创新三种品牌创新发展模式。

一、积极进取的市场开发

积极进取的市场开发模式体现在消费者视角中高品牌权益实现的老字号品牌创新 CHa 构型的两条路径上，并得到企业视角数据分析结果的进一步验证。该发展模式基于现有资源或能力开发现有市场或依靠新的知识或技能开拓新市场和新分销渠道，即通过突破原有市场深度和广度的局限，扩大企业发展的外延，从而实现高品牌权益。

首先，在开拓性商业模式创新缺失的情境下，老字号企业通过实施以市场创新为主和辅之以必要的技术创新和完善性商业模式创新来实现高品牌权益。部分老字号企业在预测顾客反应和开发市场方面会存在诸多不确定性和能力不足，不具备实施开拓性商业模式创新的先动优势（Haunschild and Miner，1997）。而开发式市场创新和探索式市场创新的二元平衡机制有效弥补了开拓性商业模式创新先动优势缺失的不足。一方面，开发式市场创新利用现有资源和能力来开拓现有市场，通过减少老字号营销推广进而形成低成本优势；另一方面，探索式市场创新依靠新的知识或技能开拓新的市场和分销渠道，通过创造差异化形成进入市场的先入优势。

其次，对于产品创新、技术创新和商业模式创新缺失的老字号，必须依靠市场创新。实施探索式市场创新和开发式市场创新使老字号企业能突破固有市场格局，获得可能产生的低成本优势和差异化优势，实现当前市场和新市场的资源共享，二者交互效应对企业的品牌权益带来正向影响（张峰和邱玮，2013）。一方面，老字号企业通过探索新市场创新，通过延伸、跨界、联合等形式不断开辟新市场，获得先行者优势，"云南白药""王老吉""老凤祥"等品牌的成功延伸和跨界均证实探索性市场创新在老字号的振兴实践中富有成效；另一方面，老字号企业还应同时借助持续的开发式市场创新，通过诸如老字号产品体验、线上直播、网订店取（送）、定制化生产和服务、入驻特色商业街等，进一步挖掘老字号的市场潜力。内联升传承人利用直播讲述制鞋工艺，通过直播构建了庞大的私域流量，挖掘和维系了新老客户群体。

二、谨慎发展的产品创新

高品牌权益实现的老字号品牌创新路径 CHb 显示，老字号品牌创新的重点之一是实施产品创新，表现为产品的引进、改进和开发，开拓原有产品的新用途或者新功能（Aaker，1991；Lehu，2004），这是老字号品牌激活和品牌权益提升的重要途径（何佳讯等，2007；Lehu，2004）。以产品创新为主的 CHb 存在两条互斥的路径选择，即技术创新、市场创新和商业模式创新同时实施或同时缺失。首先，学者指出，企业需要产品、流程、技术和管理等创新方面的多元化，通过多种创新要素的协同作用形成不易被复制和模仿的创新能力（王永贵等，2015）。其次，对于技术创新、市场创新和商业模式创新同时缺失的老字号企业，唯有且必须实施产品创新。可以看出，除产品创新之外的其他创新要素"牵一发而动全身"，企业应结合自身创新情境谨慎选择创新路径。在老化的困境中，老字号唯独实施产品创新而忽略其他创新手段，既无法应对变化的市场需求、白热化的竞争形势和技术的日新月异，更无法分享政府鼓励和扶持老字号创新的各项红利。因此，老字号企业应实施以产品创新为主、其他创新形式为辅的全面创新模式，而与之相对的产品创新模式仅可作为权宜之计。

三、保守稳健的商业模式创新

结合低品牌权益实现的品牌创新路径研究，本章总结出第三种老字号创新发展模式，即以完善性商业模式创新为关注点的保守稳健型发展模式。研究结果表明，完善性商业模式创新虽不是导致高品牌权益的必要因素，但它的缺失却是导致低品牌权益的核心因素。在老字号的品牌创新战略中，虽不能以开拓性商业模式创新为重，但也要保持必要的甚至最低限度的开拓性商业模式创新，即采取保守稳健的态度。为此，学者建议老字号品牌应注意主题设计的稳健性（Snihur and Zott，2015）。

在顾客价值方面，老字号企业应关注顾客显性需求，重视世代传承的产品或服务的经营和优化（He and Wong，2004）。在价值网络方面，老字号应积极融入外部创新合作网络（Narne et al.，2004），寻求与外界如高校、研究机构的合作共建以学习和适应新的运作流程和规范。在资源禀赋方面，优化交易流程和产品的知识与技术（Osiyevskyy and Dewald，2015），积极引进各类社会资本，充分挖掘和开发老字号品牌价值。"片仔癀"将中医药文化与市场营销有效结合，实施"授权合作不合营"体验馆营销合作模式，通过提供文化、品牌、产品、培训等撬动和发挥外部资金、市场等资源优势，实现利益共享。另外，"片仔癀"通过产业整合、项目孵化和拓展产业链上下游等方式，包括与"上海家化"联合推出"牙火清"，依托高校资源设立"片仔癀学院"以提升中医药的综合协同创新能力。

第三节　老字号品牌双元性发展模式

老字号的振兴"重在传承，胜在创新"，老字号长期品牌管理中品牌传承与品牌创新不可偏废，缺失传承或创新任何一种方式的长期品牌管理研究和实践都是不全面和不科学的。基于老字号品牌双元性的实现路径，本章提出突破型发展模式、破坏型发展模式和稳健型发展模式三种老字号品牌传承与创新的双元发展模式。

一、突破型发展模式

突破型创新聚焦于技术创新，其特征体现为产品、工艺、服务、流程或其性能特征获得前所未有的改变，或在其特征相似但其性能和成本得以巨大提升，或完全创造出一种新产品（KotelniKov，2000）。因此，本章提出的第一种老字号品牌双元性发展模式称为突破型发展模式。该模式适用于奉行或倾向于产品观念的老字号企业，适用情境为市场创新和商业模式创新能力不足，核心能力在于技术创新，表现为老字号品牌以品牌原真实性为基础，通过产品创新和技术创新激活品牌。

产品和技艺陈旧是老字号老化的原因之一，在品牌老化压力下，老字号企业既要深入挖掘和维系老字号品牌的原真实性要素，又要积极导入先进的管理方法和管理模式，运用先进适用技术创新老字号传统工艺，通过产品开发和品牌延伸提升老字号的核心竞争力（陶骏和李善文，2012）。研究表明，老字号在技术创新能力强，市场匹配能力弱的环境下，基于品牌原真实性管理的老字号产品创新、协同研发等价值迁移能够实现老字号活化，如"隆顺榕"品牌正是通过塑造正宗"卫药"品牌形象、形成多元化跨领域品牌谱系以及开拓高端饮品细分市场等实现品牌的活化（许晖等，2018）。

二、破坏型发展模式

在目标市场老化、营销战略滞后和品牌传播不利的压力下，部分老字号企业专注于市场开发和品牌运作能力，通过向顾客提供全新的价值体验改变竞争规则，重塑竞争优势。因此，本章将这种品牌双元性发展模式称之为破坏型发展模式。该模式适用于倾向市场观念导向的老字号企业，施用情境为产品创新和技术创新能力不足，核心能力在于市场创新与商业模式创新，表现为市场维度的创新（Christensen and Bower，1996），即以品牌原真实性要素为基础，通过市场创新和顾客体系的创新激活品牌。

老字号企业应根据情景的差异与演变，或借助新的市场需求对品牌进行重新定位，通过品牌故事、品牌历史重塑品牌形象（Beverland et al.，

2010）；或采取创新性的商业模式，如线上线下融合发展，通过线上与线下的实时互动为消费者提供个性化的产品与服务；或创新经营管理模式，如利用品牌影响力发展连锁经营、特许经营，通过社会化媒体传播和推广品牌文化，发挥品牌价值，实施商标品牌战略和对接资本市场等。已有研究同样表明，在技术创新能力弱，市场匹配能力强的压力环境下，基于品牌原真实性管理的老字号品牌形象重塑、新市场开发和顾客价值创新能够有效活化老品牌（许晖等，2018）。

三、稳健型发展模式

基于企业层面的定性分析，本章提出第三种老字号品牌双元性发展模式，即稳健型发展模式。之所以称之为稳健型，是因为不同于突破型和破坏型两种情境缺失模式，这种模式适用于传承或创新要素可有可无的一般情境，即适用于任意情境下所有老字号的品牌成长。

稳健型发展模式需要老字号同时做好独特、可信、产品创新、技术创新、市场创新和商业模式创新。一方面，全面创新是老字号成长的关键。创新是通过变化来更新或新建品牌资产来源，它是活化的必要手段。老字号"胜在创新"，老字号的稳健型发展模式就是通过产品、技艺、市场和商业模式的全面创新实现品牌成长。另一方面，独特与可信是老字号传承的"重中之重"。老字号"重在传承"，在传承中必须要做好独特和可信两种要素的挖掘与维系，如必须坚守能够体现老字号独特文化特征的产品、技艺、流程和服务等，必须要拥有能够体现老字号文化的信条或承诺，如清晰的价值理念、可靠的质量保证、可信的品牌承诺等。

| 第七章 |

研究结论与展望

第一节　研究结论

本书基于中国传统哲学阴阳互动论，利用模糊集定性比较分析法（fsQ-CA）构建老字号品牌双元性及其实现路径，旨在构建和探讨老字号品牌传承与创新的路径实现，构建和揭示品牌传承与创新悖论的解决机制，从而为老字号的稳定健康发展提供指导建议。具体研究结论包括以下几个方面。

（1）老字号高品牌绩效的实现主要通过以民族性和独特分别为主线的两条"殊途同归"的品牌传承路径。老字号品牌传承路径是长寿、独特、可信、诚挚和民族性多种传承要素并存互动、多方交互的非线性作用过程，研究结果表明，民族性和独特分别是老字号传承的两条主线，老字号通过"殊途同归"的两种类型的传承路径组合，实现高品牌绩效：第一，通过民族性实现老字号高品牌绩效，同时还应做好老字号的诚挚、可信与长寿或做好老字号诚挚、独特和长寿（CHa2）。第二，通过独特实现老字号高品牌绩效，同时要做好老字号的诚挚、可信和长寿。

（2）老字号高品牌绩效的实现主要通过以市场创新和产品创新分别为核心的两条"殊途同归"的品牌创新路径。老字号品牌创新路径是产品创新、技术创新、开发式市场创新、探索式市场创新、开拓性商业模式创新以及完善性商业模式创新对老字号品牌绩效复杂和动态作用的并存与交互过程，研究结果表明，引致高品牌权益的老字号创新路径有分别以市场创新和产品创新为主线的两种类型：第一，开拓性商业模式创新缺失，可以主要依靠市场创新，并通过技术创新和完善性商业模式创新实现高品牌权益，而对于产品创新、技术创新和商业模式创新缺失的老字号企业必须重视市场创新；第二，在技术创新、市场创新和商业模式创新同时缺失或同时存在的情境下，产品创新成为高品牌权益实现的关键前因条件。

（3）老字号品牌双元性是能够提升品牌绩效的品牌传承与创新活动的情境性共存与组合。基于阴阳互动论，本书认为，老字号品牌双元性中的品牌传承与品牌创新表现为阴阳表征，品牌传承与品牌创新的阴阳对立是老字号品牌双元性实现的基础，品牌传承和品牌创新的阴阳互动是老字号品牌双元性实现的内在机理，老字号品牌双元性就是不同情境下传承与创新的情境性并存状态。老字号品牌双元性具体包括消费者视角和企业视角下的九种情境概念，在不同的情境中传承要素和创新要素相生、并存和消长。

（4）老字号品牌双元性实现路径包含情境路径和通用路径两种形式。情境路径是老字号在部分传承或创新要素缺失即面临特定老化情境时品牌双元性的实现形式，包含产品创新和技术创新主要缺失、市场创新和商业模式创新主要缺失以及部分传承要素主要缺失的八种实现路径；通用路径是一般情境中老字号品牌双元性的实现方式，是老字号发展的典型模式。从静态角度看，不同传承与创新要素的并存组合构建了不同情景下品牌双元性的实现路径，老字号可以针对性地选择适应当下情境的最优成长路径，即验证了老字号发展的"殊途同归"。从动态角度看，品牌双元性路径的实现是动态性和阶段性的，情境的变化迫使老字号企业选择对应情境下的最优路径。

（5）老字号根据企业使命与战略任务针对性地选择品牌传承发展模式或品牌创新发展模式。以传承为使命的"守旧"型老字号企业可通过文脉型和真实型两种品牌传承发展模式，前者是指老字号以民族性为主线、强调诚挚，建议立足于传统文化并持之以恒地体现在品牌管理中；后者是指老字号以独特为主线、强调诚挚，建议挖掘、推广和传播老字号原真实性要素。以创新为发展战略的"转化"型老字号企业可通过积极进取的市场开发、谨慎发展的产品创新和保守稳健的商业模式创新三种品牌创新发展模式，即基于现有资源或能力开发现有市场或依靠新的知识或技能开拓新市场和新分销渠道，或实施以产品创新为主、其他创新形式为辅的全面创新模式，或保持必要甚至最低限度的开拓性商业模式创新。

（6）兼顾传承与创新的"双元"型老字号企业通过突破型、破坏型和稳健型三种类型的双元性发展模式实现品牌成长。老字号品牌发展模式存在情境差异，在市场创新和商业模式创新能力不足的情境下，倾向于产品观点导向的老字号应采用突破型发展模式，以部分传承为主，以产品创新和技术创新为辅；在产品创新和技术创新缺失的情境下，倾向于市场观念导向的老字号应采用破坏型发展模式，聚焦市场和顾客价值，以市场创新和商业模式创新为主，部分传承为辅；不同于前两种情境发展模式，稳健型发展模式适用于一般情境下的老字号成长，以四大品牌创新为主、以独特和可信等传承为辅，从而实现老字号品牌发展。

（7）中国传统哲学阴阳思维科学性和艺术性地揭示和解决了老字号品牌传承与创新悖论的本土研究问题。脱离中国传统哲学的本土管理研究只能成为空中楼阁或"夹生饭"，老字号品牌传承与创新的双元性内涵界定和路径构建的哲学基础应扎根于中国传统哲学阴阳互动论。基于阴阳互动论，本书认为：第一，老字号品牌传承与品牌创新具有阴阳属性特征，传承与创新体现为对立、互根、消长、转化和均衡特征；第二，阴阳"鱼眼"体现出品牌传承中有创新、品牌创新中有传承，阴阳"鱼眼"的激活机制揭示了品牌双元性路径中品牌传承与品牌创新的权重关系；第三，品牌传承与创新的此消彼长带来品牌双元性的情景化变化，品牌双元性传承与创新的阴阳均衡是阶段性和情境性的。动态和辩证的阴阳思维在解决老字号品牌传承与创新的悖论问题中具有明显优势。

第二节　管理启示

长期品牌管理一直是老字号企业的痛点和难点，品牌传承与品牌创新的协同发展是老字号健康稳定发展的关键。本书基于中国传统哲学阴阳理论探讨和构建了老字号品牌双元性的路径实现与发展模式，所得研究结论对老字号企业的长期品牌管理具有如下管理启示。

　　第一，品牌传承与品牌创新具有阴阳属性，建议老字号企业运用阴阳思维思考和实施长期品牌管理。首先，以阴阳思维思考品牌管理问题的生成。本土老字号的管理问题必须扎根于中国传统哲学，管理者应将老字号长期品牌管理活动中传承与创新的元素视为对立统一的阴阳两类，品牌传承与创新的悖论就是因为某种原因导致的阴阳要素的失调即偏盛偏衰，这是老字号企业无法回避的问题。建议老字号企业遵循"非此又彼、非彼又彼"的"要么/都"的相生相克的双元思维思考老字号品牌传承与品牌创新的本质，科学和艺术性地吸收和接纳阴阳管理理论。其次，以阴阳思维诊断品牌管理问题。管理者要能够基于阴阳思维分析品牌管理中的阴阳属性，能够明确品牌传承具有静止、被动、衰退、缓慢的"阴"属性，品牌创新具有变化、主动、昌盛、快速的"阳"属性，能够分析品牌传承与创新悖论中"阳盛""阴盛""阳虚""阴虚"的异常现象和问题，进而分析能够促使品牌传承与品牌创新阴阳平衡的前因后果。最后，以阴阳思维解决品牌管理问题。老字号企业应根据品牌传承与创新的自身情况，以问题为导向，调整和组合阴管理和阳管理解决品牌管理问题。例如，老字号"临涣"坚持使用老窖池和坚持采用"包瓜"作为产品原料，因难以适应消费市场绿色、养生、健康的需求转型，此种情景的品牌传承是"临涣"老化的主要原因。而基于阴阳思维，"临涣"通过包装创新、进驻老字号商业街和电商平台等辅以产品创新和商业模式创新等阳要素的实施，在偏倚传承的战略法中兼顾创新，进而消除品牌传承的副作用，实现"临涣"品牌的阶段性成长。另外，需要明确，老字号品牌传承与创新的阴阳平衡是动态的调和状态，阴阳要素根据市场环境和企业战略"相互纠偏"，传承与创新的平衡一直处于"间断式突变"后"阶段性"平衡。

　　第二，品牌成长"殊途同归"，建议老字号企业根据品牌传承与创新的具体情境针对性地选择品牌发展模式。首先，以传承为使命的"守旧"型老字号企业可选择品牌传承发展模式，针对性地采取品牌文脉型发展模式或真实型发展模式均可实现传承背景下的老字号成长；其次，以创新为战略的"转化"型老字号企业可选择品牌创新发展模式，针对性地采取积极进取的市场开发、谨慎发展的产品创新或保守稳健的商业模式创新均可实现创新背景下的老字号成长；最后，长期品牌管理背景下的老字号品牌"重在传承，胜在创新"，建议"双元性"老字号企业品牌传承与品牌创新不可偏废，针对性地采取突破型发展模式、破坏型发展模式或稳健型发展模式均可实现品牌传承与创新协同并举背景下的老字号成长。具体而言，建议奉行或倾向于产品观念的老字号企业应在传承中兼顾产品和技艺上的创新；建议产品和技术创新缺失的老字号企业应专注于市场开发和品牌运作能力，兼顾传承的基础上通过向顾客提供全新的价值体验改变老字号的竞争规则，重塑老字号企业的竞争优势；另外，建议老字号企业在任意情境下可实施全面的创新和有限的传承，在部分传承的基础上做好产品、技艺、市场和商业模式的全面创新。需要强调的是，"殊途同归"的品牌成长路径并无优劣之分，老字号企业应根据情境的差异有针对性地选择品牌发展模式。

第三，品牌成长"相机行事"，建议老字号企业根据品牌传承与创新的变化发展适应性调整品牌发展模式。"殊途同归"的品牌发展模式并不是一成不变的，老字号企业不应墨守成规，要在品牌传承与创新情境的动态变化中阶段性调整品牌发展模式。建议老字号企业建立品牌传承与创新评估机制，跟踪和监控品牌传承与品牌创新的实施状况，分析品牌传承与品牌创新的能力与水平，评估品牌传承与品牌创新的缺失情境，并随着情境的变化适时调整品牌发展模式，进而实现老字号品牌双元性的短期均衡，最终促进老字号的振兴与成长。

第四，实施三个品牌传承与创新的有机结合，提升老字号企业内生成长能力。立足于品牌长期发展的老字号企业需明确品牌传承中创新"要优化而非转化"，品牌创新中传承"要坚守而非保守"。首先，传承中有创新，老字号企业应在传承的基础上通过产品、技艺、市场、商业模式等的避免或解决老字号的老化困境，而非通过创新颠覆老字号的精髓并最终转型，而不再被称为老字号，老字号长寿、独特、可信、诚挚和民族性的传承背后，应是永无止境地追求创新发展精神。其次，创新中有传承，老字号企业应"创新不忘本"，在创新中坚守品牌的精髓和内核而非一味地顽固不化，追求创新的老字号企业仍应以"老"为荣，唯有如此才能历经百年锤炼而屹立不倒。另外，老字号除了可以选择情境化的战略发展模式，可重点实施全面创新与可信"有机结合"的发展模式，即重视"可行性"要素的传承，包括承诺、信条、理念、古训等能够令老字号被信赖的品牌要素。

第三节　研究不足与展望

基于中国传统哲学阴阳思维和利用定性研究比较法，本章构建和探讨老字号品牌双元性组合及其路径实现，理论上揭示了老字号品牌传承与创新的悖论解决，实践上为老字号的长期品牌管理提供模式建议。但本书在数据获取、方法融合以及路径机制等方面仍有一定的不足和研究的拓展空间。

第一，样本和数据的代表性和可得性问题。首先，本书调研的老字号涵盖酒类、医药、食品加工、零售、工艺美术等不同行业类型，但不同类型老字号的品牌双元性实现路径可能存在差异，本书并未深入展开。建议未来研究聚焦特定类型的老字号品牌双元性，并比较老字号品牌双元性的类别差异。其次，老字号品牌双元性的调研样本为 25 家安徽省"中华老字号"，但25 家老字号企业的样本很难代表中华老字号的整体特征。建议未来研究扩大"中华老字号"品牌的调研梳理，提升调研品牌的代表性。最后，品牌传承路径、创新路径和品牌双元性路径调研中企业层面的数据获取难度比预期要大，因此，本书主要以消费者层面构建模型和路径，企业层面的数据结果仅用于检验或补充。而相比于消费者，老字号企业切身知晓老字号的品牌传承与创新。建议未来研究增强与老字号企业的合作，重点从企业层面构建和探讨老字号双元性问题。

第二，品牌双元性情境路径的转换机理问题。本书利用定性研究比较法构建了老字号品牌双元性组合，基于阴阳思维分析和阐释了不同情境下品牌双元性实现路径以及路径中传承与创新的权重问题，但未能计算和界定品牌双元性路径情境转化的边界，即"度"的问题，这限制了老字号品牌双元性不同情境路径之间转化边界与路径联结的问题探讨，因此，就未能深入探讨不同双元性实现路径是如何演变、转化和动态实现的。建议未来研究聚焦具有代表性的老字号企业，利用动态分析法跟踪老字号品牌双元性组合中品牌传承与创新的变化与规律，构建老字号品牌双元性路径动态实现机制，进而拓展和深化老字号品牌双元性路径机制的研究。

老字号品牌传承问卷调查（消费者层面）

尊敬的女士/先生：

您好！我们是××消费者行为研究中心老字号项目团队，希望了解您对老字号品牌的一些看法。本问卷采取无记名方式填写，所有资料仅供学术研究参考。您的配合是对我们研究的最大支持，在此衷心地表示感谢！

一、在中国的老字号品牌中，您最熟悉的老字号品牌是＿＿＿＿＿＿。通过您对该品牌的了解或使用感受，您在多大程度上同意下面的看法？请用1～7表示您赞同的程度（1表示完全不赞同，4表示基本赞同，7表示完全赞同，以此类推）并填写在相应位置。

	完全不赞同……完全赞同
	1……………………7
1. 该品牌具有相对持续稳定性	1　2　3　4　5　6　7
2. 该品牌起步发展较早	1　2　3　4　5　6　7
3. 与其他品牌比较，该品牌历史悠久	1　2　3　4　5　6　7
4. 该品牌/产品与众不同	1　2　3　4　5　6　7
5. 该品牌/产品出类拔萃	1　2　3　4　5　6　7
6. 该品牌/产品是独一无二的	1　2　3　4　5　6　7
7. 该品牌/产品与其他品牌/产品明显不同	1　2　3　4　5　6　7

8. 该品牌的承诺是可信的　　　　　　　1　2　3　4　5　6　7

9. 该品牌做出了可靠的承诺　　　　　　1　2　3　4　5　6　7

10. 该品牌有持续追求的明确理念　　　　1　2　3　4　5　6　7

11. 该品牌承诺有清晰的指导思想　　　　1　2　3　4　5　6　7

12. 该品牌保持了真我　　　　　　　　　1　2　3　4　5　6　7

13. 该品牌信守承诺　　　　　　　　　　1　2　3　4　5　6　7

14. 该品牌一直说话算话　　　　　　　　1　2　3　4　5　6　7

15. 该品牌坚守了原则　　　　　　　　　1　2　3　4　5　6　7

16. 该品牌具有丰富的文化内涵　　　　　1　2　3　4　5　6　7

17. 该品牌象征着一种中国传统文化　　　1　2　3　4　5　6　7

18. 该品牌的产品是国家财富的一部分　　1　2　3　4　5　6　7

19. 该品牌为其他品牌树立了价值标准　　1　2　3　4　5　6　7

20. 该品牌与历史时期、文化和/或特定地区　1　2　3　4　5　6　7
　　有很强的联系

21. 我愿意花更高的价格购买该品牌　　　1　2　3　4　5　6　7

22. 我愿意以后继续与该企业交易　　　　1　2　3　4　5　6　7

23. 我愿意将公司的品牌推荐给其他人　　1　2　3　4　5　6　7

24. 我愿意和该品牌维持长期的合作关系　1　2　3　4　5　6　7

二、请提供您简单的个人资料

1. 性别：□男　　　　□女

2. 您的年龄：□20 岁及其以下　　□21～40 岁　　　　□40 岁及其以上

3. 受教育程度：□高中及以下　　□大中专及本科　　　□研究生

再次感谢您的支持和配合！

老字号品牌传承问卷调查（企业层面）

尊敬的女士/先生：

　　您好！我们是××消费者行为研究中心老字号项目团队，希望了解您对老字号品牌的一些看法。本问卷采取无记名方式填写，所有资料仅供学术研究参考。您的配合是对我们研究的最大支持，在此衷心地表示感谢！

一、贵公司的老字号品牌名称是＿＿＿＿＿＿＿＿，若用数值1～7分衡量您对该品牌的熟悉程度（1表示完全不熟悉，4表示熟悉，7表示非常熟悉），您对该品牌的熟悉程度为＿＿＿＿＿＿＿分。

二、下面的问题是针对贵公司的老字号品牌进行的。请回答说明：通过您对该品牌的了解或使用感受，您在多大程度上同意下面的看法？请用1～7表示您赞同的程度（1表示完全不赞同，4表示基本赞同，7表示完全赞同，以此类推）并填写在相应位置。

完全不赞同……完全赞同

1……………………………7

1. 该品牌具有相对持续稳定性	1　2　3　4　5　6　7
2. 该品牌起步发展较早	1　2　3　4　5　6　7
3. 与其他品牌比较，该品牌历史悠久	1　2　3　4　5　6　7
4. 该品牌/产品与众不同	1　2　3　4　5　6　7
5. 该品牌/产品出类拔萃	1　2　3　4　5　6　7
6. 该品牌/产品是独一无二的	1　2　3　4　5　6　7
7. 该品牌/产品与其他品牌/产品明显不同	1　2　3　4　5　6　7
8. 该品牌的承诺是可信的	1　2　3　4　5　6　7

9. 该品牌做出了可靠的承诺　　　　　　　1　2　3　4　5　6　7

10. 该品牌有持续追求的明确理念　　　　　1　2　3　4　5　6　7

11. 该品牌承诺有清晰的指导思想　　　　　1　2　3　4　5　6　7

12. 该品牌保持了真我　　　　　　　　　　1　2　3　4　5　6　7

13. 该品牌信守承诺　　　　　　　　　　　1　2　3　4　5　6　7

14. 该品牌一直说话算话　　　　　　　　　1　2　3　4　5　6　7

15. 该品牌坚守了原则　　　　　　　　　　1　2　3　4　5　6　7

16. 该品牌具有丰富的文化内涵　　　　　　1　2　3　4　5　6　7

17. 该品牌象征着一种中国传统文化　　　　1　2　3　4　5　6　7

18. 该品牌的产品是国家财富的一部分　　　1　2　3　4　5　6　7

19. 该品牌为其他品牌树立了价值标准　　　1　2　3　4　5　6　7

20. 该品牌与历史时期、文化和/或特定地区　1　2　3　4　5　6　7
　　有很强的联系

21. 我们已经在目标市场上建立了很高的品牌　1　2　3　4　5　6　7
　　知名度

22. 我们非常满意自己的品牌推广效果　　　1　2　3　4　5　6　7

23. 我们已经获得了顾客高度的品牌忠诚　　1　2　3　4　5　6　7

24. 我们已经建立了卓越的品牌声誉　　　　1　2　3　4　5　6　7

三、请提供您简单的个人资料。

1. 性别：□男　　　　□女

2. 您的年龄：□20 岁及其以下　　□21～40 岁　　　□40 岁及其以上

3. 您的岗位：□高层管理者　　　□中层管理者　　　□基层管理者
　　　　　　□普通员工

再次感谢您的支持和配合！

老字号品牌创新问卷调查（消费者层面）

尊敬的女士/先生：

您好！我们是××消费者行为研究中心老字号项目团队，希望了解您对老字号品牌的一些看法。本问卷采取无记名方式填写，所有资料仅供学术研究参考。您的配合是对我们研究的最大支持，在此衷心地表示感谢！

一、在中国的老字号品牌中，您最熟悉的老字号品牌是＿＿＿＿＿＿。通过您对该品牌的了解或使用感受，您在多大程度上同意下面的看法？请用1~7表示您赞同的程度（1表示完全不赞同，4表示基本赞同，7表示完全赞同，以此类推）并填写在相应位置。

完全不赞同……完全赞同

1……………………………7

1. 该品牌经常开发出深受市场欢迎的新产品   1　2　3　4　5　6　7
   与新服务

2. 该品牌很大一部分利润来自于所开发的新   1　2　3　4　5　6　7
   产品和新服务

3. 该品牌推出新产品和新服务的速度往往比   1　2　3　4　5　6　7
   竞争对手要快

4. 该品牌在产品/服务研究与开发方面拥有较   1　2　3　4　5　6　7
   强的实力

5. 该品牌一直努力开发可以把老产品改进为   1　2　3　4　5　6　7
   新产品的创新技能

6. 该品牌在产品技术与开发新产品方面做得   1　2　3　4　5　6　7
   很好

7. 在流程技术和开发新生产流程方面，该品　1　2　3　4　5　6　7
牌比竞争者更有创新性

8. 该品牌在经营中采用了新技术　1　2　3　4　5　6　7

9. 该品牌在利用信息技术方面有创新性　1　2　3　4　5　6　7

10. 该品牌在发挥高水平研究与开发职能方面　1　2　3　4　5　6　7
有创新性

11. 该品牌一直在积极开拓新的市场　1　2　3　4　5　6　7

12. 该品牌不断搜寻具有不同需求特征和行为　1　2　3　4　5　6　7
模式的顾客群体的信息

13. 该品牌致力于与多样化的顾客群体建立　1　2　3　4　5　6　7
关系

14. 该品牌不断搜寻和建立多样化的分销渠道　1　2　3　4　5　6　7

15. 该品牌致力于拓展现有的市场　1　2　3　4　5　6　7

16. 该品牌不断挖掘现有市场中顾客的新需求　1　2　3　4　5　6　7
特征

17. 该品牌努力为现有顾客提供更多的服务　1　2　3　4　5　6　7

18. 该品牌致力于与现有顾客建立稳固的关系　1　2　3　4　5　6　7

19. 该品牌以打破常规的方式，发现新机会，　1　2　3　4　5　6　7
开拓新市场

20. 该品牌拥有不同于行业中其他对手的营销　1　2　3　4　5　6　7
渠道

21. 该品牌打造了利益相关者良性互动的商业　1　2　3　4　5　6　7
生态圈，并在其中扮演核心角色

22. 该品牌主导新颖的交易机制，在商业模式　1　2　3　4　5　6　7
中构建新的运作流程、惯例和规范

23. 该品牌在市场开辟方面，倾向于对市场领　1　2　3　4　5　6　7
导者的跟随性创新

24. 该品牌经常巩固和扩大现有市场的营销　1　2　3　4　5　6　7
　　渠道

25. 该品牌系统性地、频繁地检测交易伙伴的　1　2　3　4　5　6　7
　　满意度，以更好地服务交易

26. 该品牌不断优化现有的流程、知识和技术　1　2　3　4　5　6　7

27. 该品牌坚持在既定的战略框架下分配人、　1　2　3　4　5　6　7
　　财、物资源

28. 我愿意花更高的价格购买该品牌　　　　　1　2　3　4　5　6　7

29. 我愿意以后继续与该企业交易　　　　　　1　2　3　4　5　6　7

30. 我愿意将公司的品牌推荐给其他人　　　　1　2　3　4　5　6　7

31. 我愿意和该品牌维持长期的合作关系　　　1　2　3　4　5　6　7

二、请提供您简单的个人资料。

1. 性别：□男　　　　□女

2. 您的年龄：□29 岁及以下　　　□30～45 岁　　　　□46～60 岁
　　　　　　　□60 岁以上

3. 受教育程度：□高中及以下　　　□大中专及本科　　　□研究生

再次感谢您的支持和配合！

老字号品牌创新问卷调查（企业层面）

尊敬的女士/先生：

　　您好！我们是××消费者行为研究中心老字号项目团队，希望了解您对老字号品牌的一些看法。本问卷采取无记名方式填写，所有资料仅供学术研究参考。您的配合是对我们研究的最大支持，在此衷心地表示感谢！

一、贵公司的老字号品牌名称是＿＿＿＿＿＿，若用数值 1～7 分衡量您对该品牌的熟悉程度（1 表示完全不熟悉，4 表示熟悉，7 表示非常熟悉），您对该品牌的熟悉程度为＿＿＿＿＿＿分。

二、下面的问题是针对贵公司的老字号品牌进行的。请回答说明：通过您对该品牌的了解或使用感受，您在多大程度上同意下面的看法？请用 1～7 表示您赞同的程度（1 表示完全不赞同，4 表示基本赞同，7 表示完全赞同，以此类推）并填写在相应位置。

完全不赞同……完全赞同

1…………………………7

	完全不赞同……完全赞同 1…………………………7
1. 该品牌经常开发出深受市场欢迎的新产品与新服务	1　2　3　4　5　6　7
2. 该品牌很大一部分利润来自于所开发的新产品和新服务	1　2　3　4　5　6　7
3. 该品牌推出新产品和新服务的速度往往比竞争对手要快	1　2　3　4　5　6　7
4. 该品牌在产品/服务研究与开发方面拥有较强的实力	1　2　3　4　5　6　7

5. 该品牌一直努力开发可以把老产品改进为   1   2   3   4   5   6   7
   新产品的创新技能

6. 该品牌在产品技术与开发新产品方面做得   1   2   3   4   5   6   7
   很好

7. 在流程技术和开发新生产流程方面，该品   1   2   3   4   5   6   7
   牌比竞争者更有创新性

8. 该品牌在经营中采用了新技术   1   2   3   4   5   6   7

9. 该品牌在利用信息技术方面有创新性   1   2   3   4   5   6   7

10. 该品牌在发挥高水平研究与开发职能方面   1   2   3   4   5   6   7
    有创新性

11. 该品牌一直在积极开拓新的市场   1   2   3   4   5   6   7

12. 该品牌不断搜寻具有不同需求特征和行为   1   2   3   4   5   6   7
    模式的顾客群体的信息

13. 该品牌致力于与多样化的顾客群体建立   1   2   3   4   5   6   7
    关系

14. 该品牌不断搜寻和建立多样化的分销渠道   1   2   3   4   5   6   7

15. 该品牌致力于拓展现有的市场   1   2   3   4   5   6   7

16. 该品牌不断挖掘现有市场中顾客的新需求   1   2   3   4   5   6   7
    特征

17. 该品牌努力为现有顾客提供更多的服务   1   2   3   4   5   6   7

18. 该品牌致力于与现有顾客建立稳固的关系   1   2   3   4   5   6   7

19. 该品牌以打破常规的方式，发现新机会，   1   2   3   4   5   6   7
    开拓新市场

20. 该品牌拥有不同于行业中其他对手的营销   1   2   3   4   5   6   7
    渠道

21. 该品牌打造了利益相关者良性互动的商业   1   2   3   4   5   6   7
    生态圈，并在其中扮演核心角色

22. 该品牌主导新颖的交易机制，在商业模式　　1　2　3　4　5　6　7
　　　中构建新的运作流程、惯例和规范

23. 该品牌在市场开辟方面，倾向于对市场领　　1　2　3　4　5　6　7
　　　导者的跟随性创新

24. 该品牌经常巩固和扩大现有市场的营销　　　1　2　3　4　5　6　7
　　　渠道

25. 该品牌系统性地、频繁地检测交易伙伴的　　1　2　3　4　5　6　7
　　　满意度，以更好地服务交易

26. 该品牌不断优化现有的流程、知识和技术　　1　2　3　4　5　6　7

27. 该品牌坚持在既定的战略框架下分配人、　　1　2　3　4　5　6　7
　　　财、物资源

28. 我们已经在目标市场上建立了很高的品牌　　1　2　3　4　5　6　7
　　　知名

29. 我们非常满意自己的品牌推广效果　　　　　1　2　3　4　5　6　7

30. 我们已经获得了顾客高度的品牌忠诚　　　　1　2　3　4　5　6　7

31. 我们已经建立了卓越的品牌声誉　　　　　　1　2　3　4　5　6　7

三、请提供您简单的个人资料。

1. 性别：□男　　　　□女

2. 您的年龄：□29 岁及以下　　　□30～45 岁　　　□46～60 岁
　　　　　　　□60 岁以上

3. 您的岗位：□高层管理者　　　□中层管理者　　　□基层管理者
　　　　　　　□普通员工

再次感谢您的支持和配合！

老字号传承与创新问卷调查（消费者层面）

尊敬的女士/先生：

您好！我们是××消费者行为研究中心老字号项目团队，希望了解您对安徽省"中华老字号"的一些看法。您的配合是对我们研究的最大支持，在此衷心地表示感谢！

一、请先过目下列 25 家安徽省"中华老字号"品牌名称，然后请回答问题。

1. 吴鲁衡	2. 麦陇香	3. 口子	4. 胡玉美	5. 余良卿号
6. 谢正安	7. 老余昌	8. 李廷珪牌	9. 柏兆记	10. 猴坑
11. 胡开文	12. 张顺兴号	13. 迎驾	14. 聚红盛	15. 徽六
16. 叫花鸡	17. 公和堂	18. 红星	19. 耿福兴	20. 采石矶
21. 寿春堂	22. 同庆楼	23. 颍州	24. 四季春	25. 艺粟斋

请回答：在上述品牌中，您最熟悉的品牌是＿＿＿＿＿＿＿＿，若用数值 1~7 分衡量您对该品牌的熟悉程度（1 表示完全不熟悉，4 表示熟悉，7 表示非常熟悉），您对该品牌的熟悉程度为＿＿＿＿＿＿＿＿分。

二、下面的问题是针对您刚才选择的品牌进行的，即您最熟悉的一个品牌。请回答说明：通过您对该品牌的了解或使用感受，您多大程度上同意下面的看法？请用 1~7 表示您赞同的程度（1 表示完全不赞同，4 表示基本赞同，7 表示完全赞同，以此类推）并填写在相应位置。

	完全不赞同……完全赞同
	1……………………7
1. 该品牌/产品与众不同	1 2 3 4 5 6 7
2. 该品牌/产品出类拔萃	1 2 3 4 5 6 7

3. 我认为该品牌/产品是独一无二的　　　　　1　2　3　4　5　6　7

4. 该品牌/产品与其他品牌/产品明显不同　　　1　2　3　4　5　6　7

5. 该品牌的承诺是可信的　　　　　　　　　　1　2　3　4　5　6　7

6. 该品牌做出了可靠的承诺　　　　　　　　　1　2　3　4　5　6　7

7. 该品牌有持续追求的明确理念　　　　　　　1　2　3　4　5　6　7

8. 该品牌承诺有清晰的指导思想　　　　　　　1　2　3　4　5　6　7

9. 该品牌保持了真我　　　　　　　　　　　　1　2　3　4　5　6　7

10. 该品牌信守承诺　　　　　　　　　　　　　1　2　3　4　5　6　7

11. 该品牌一直说话算话　　　　　　　　　　　1　2　3　4　5　6　7

12. 该品牌坚守了原则　　　　　　　　　　　　1　2　3　4　5　6　7

13. 该品牌经常开发出深受市场欢迎的新产品　　1　2　3　4　5　6　7
    与新服务

14. 该品牌很大一部分利润都来自于所开发的　　1　2　3　4　5　6　7
    新产品和新服务

15. 该品牌推出新产品和新服务的速度往往比　　1　2　3　4　5　6　7
    竞争对手要快

16. 该品牌在产品/服务研究与开发方面拥有　　 1　2　3　4　5　6　7
    较强的实力

17. 该品牌一直努力开发可以把老产品改进为　　1　2　3　4　5　6　7
    新产品的创新技能

18. 该品牌在产品技术与开发新产品方面做得　　1　2　3　4　5　6　7
    很好

19. 在流程技术和开发新生产流程方面，该品　　1　2　3　4　5　6　7
    牌比竞争者更有创新性

20. 该品牌在经营中采用了新技术　　　　　　　1　2　3　4　5　6　7

21. 该品牌在利用信息技术方面有创新性　　　　1　2　3　4　5　6　7

22. 该品牌在发挥高水平研究与开发职能方面   1   2   3   4   5   6   7
有创新性

23. 该品牌一直在积极开拓新的市场   1   2   3   4   5   6   7

24. 该品牌不断搜寻具有不同需求特征和行为   1   2   3   4   5   6   7
模式的顾客群体信息

25. 该品牌致力于与多样化的顾客群体建立   1   2   3   4   5   6   7
关系

26. 该品牌不断搜寻和建立多样化的分销渠道   1   2   3   4   5   6   7

27. 该品牌致力于拓展现有的市场   1   2   3   4   5   6   7

28. 该品牌不断挖掘现有市场中顾客的新需求   1   2   3   4   5   6   7
特征

29. 该品牌努力为现有顾客提供更多的服务   1   2   3   4   5   6   7

30. 该品牌致力于与现有顾客建立稳固的关系   1   2   3   4   5   6   7

31. 该品牌以打破常规的方式，发现新机会，   1   2   3   4   5   6   7
开拓新市场

32. 该品牌拥有不同于行业中其他对手的营销   1   2   3   4   5   6   7
渠道

33. 该品牌打造了利益相关者良性互动的商业   1   2   3   4   5   6   7
生态圈，并在其中扮演核心角色

34. 该品牌主导新颖的交易机制，在商业模式   1   2   3   4   5   6   7
中构建新的运作流程、惯例和规范

35. 该品牌在市场开辟方面，倾向于对市场领   1   2   3   4   5   6   7
导者的跟随性创新

36. 该品牌经常巩固和扩大现有市场的营销   1   2   3   4   5   6   7
渠道

37. 该品牌系统性地、频繁地检测交易伙伴的   1   2   3   4   5   6   7
满意度，以更好地服务交易

38. 该品牌不断优化现有的流程、知识和技术   1   2   3   4   5   6   7

39. 该品牌坚持在既定的战略框架下分配人、　　1　　2　　3　　4　　5　　6　　7
　　 财、物资源

40. 我愿意花更高的价格购买该品牌　　　　　　1　　2　　3　　4　　5　　6　　7

41. 我愿意以后继续与该企业交易　　　　　　　1　　2　　3　　4　　5　　6　　7

42. 我愿意将公司的品牌推荐给其他人　　　　　1　　2　　3　　4　　5　　6　　7

43. 我愿意和该品牌维持长期的合作关系　　　　1　　2　　3　　4　　5　　6　　7

三、请提供您简单的个人资料。

1. 性别：□男　　　　　□女

2. 您的年龄：□29 岁及以下　　　　□30 ~ 40 岁　　　　　□41 ~ 59 岁
　　　　　　　□60 岁及以上

3. 受教育程度：□高中及以下　　　□大中专及本科　　　□研究生

再次感谢您的支持和配合！

老字号传承与创新问卷调查（企业层面）

尊敬的女士/先生：

您好！我们是××消费者行为研究中心老字号项目团队，希望了解您对安徽省"中华老字号"的一些看法。您的配合是对我们研究的最大支持，在此衷心地表示感谢！

一、贵公司的"中华老字号"品牌名称是＿＿＿＿＿＿，若用数值 1～7 分衡量您对该品牌的熟悉程度（1 表示完全不熟悉，4 表示熟悉，7 表示非常熟悉），您对该品牌的熟悉程度为＿＿＿＿＿＿分。

二、下面的问题是针对贵公司的"中华老字号"品牌进行的。请回答说明：通过您对该品牌的了解或使用感受，您在多大程度上同意下面的看法？请用 1～7 表示您赞同的程度（1 表示完全不赞同，4 表示基本赞同，7 表示完全赞同，以此类推）并填写在相应位置。

	完全不赞同……完全赞同
	1·····················7
1. 该品牌/产品与众不同	1　2　3　4　5　6　7
2. 该品牌/产品出类拔萃	1　2　3　4　5　6　7
3. 我认为该品牌/产品是独一无二的	1　2　3　4　5　6　7
4. 该品牌/产品与其他品牌/产品明显不同	1　2　3　4　5　6　7
5. 该品牌的承诺是可信的	1　2　3　4　5　6　7
6. 该品牌做出了可靠的承诺	1　2　3　4　5　6　7
7. 该品牌有持续追求的明确理念	1　2　3　4　5　6　7
8. 该品牌承诺有清晰的指导思想	1　2　3　4　5　6　7

9. 该品牌保持了真我　　　　　　　　1　2　3　4　5　6　7

10. 该品牌信守承诺　　　　　　　　　1　2　3　4　5　6　7

11. 该品牌一直说话算话　　　　　　　1　2　3　4　5　6　7

12. 该品牌坚守了原则　　　　　　　　1　2　3　4　5　6　7

13. 该品牌经常开发出深受市场欢迎的新产品　1　2　3　4　5　6　7
　　与新服务

14. 该品牌很大一部分利润都来自于所开发的　1　2　3　4　5　6　7
　　新产品和新服务

15. 该品牌推出新产品和新服务的速度往往比　1　2　3　4　5　6　7
　　竞争对手要快

16. 该品牌在产品/服务研究与开发方面拥有　1　2　3　4　5　6　7
　　较强的实力

17. 该品牌一直努力开发可以把老产品改进为　1　2　3　4　5　6　7
　　新产品的创新技能

18. 该品牌在产品技术与开发新产品方面做得　1　2　3　4　5　6　7
　　很好

19. 在流程技术和开发新生产流程方面，该品　1　2　3　4　5　6　7
　　牌比竞争者更有创新性

20. 该品牌在经营中采用了新技术　　　1　2　3　4　5　6　7

21. 该品牌在利用信息技术方面有创新性　1　2　3　4　5　6　7

22. 该品牌在发挥高水平研究与开发职能方面　1　2　3　4　5　6　7
　　有创新性

23. 该品牌一直在积极开拓新的市场　　1　2　3　4　5　6　7

24. 该品牌不断搜寻具有不同需求特征和行为　1　2　3　4　5　6　7
　　模式的顾客群体信息

25. 该品牌致力于与多样化的顾客群体建立　1　2　3　4　5　6　7
　　关系

26. 该品牌不断搜寻和建立多样化的分销渠道　1　2　3　4　5　6　7

27. 该品牌致力于拓展现有的市场　　　　　1　2　3　4　5　6　7

28. 该品牌不断挖掘现有市场中顾客的新需求
特征　　　　　　　　　　　　　　　　1　2　3　4　5　6　7

29. 该品牌努力为现有顾客提供更多的服务　1　2　3　4　5　6　7

30. 该品牌致力于与现有顾客建立稳固的关系　1　2　3　4　5　6　7

31. 该品牌以打破常规的方式，发现新机会，
开拓新市场　　　　　　　　　　　　　1　2　3　4　5　6　7

32. 该品牌拥有不同于行业中其他对手的营销
渠道　　　　　　　　　　　　　　　　1　2　3　4　5　6　7

33. 该品牌打造了利益相关者良性互动的商业
生态圈，并在其中扮演核心角色　　　　1　2　3　4　5　6　7

34. 该品牌主导新颖的交易机制，在商业模式
中构建新的运作流程、惯例和规范　　　1　2　3　4　5　6　7

35. 该品牌在市场开辟方面，倾向于对市场领
导者的跟随性创新　　　　　　　　　　1　2　3　4　5　6　7

36. 该品牌经常巩固和扩大现有市场的营销
渠道　　　　　　　　　　　　　　　　1　2　3　4　5　6　7

37. 该品牌系统性地、频繁地检测交易伙伴的
满意度，以更好地服务交易　　　　　　1　2　3　4　5　6　7

38. 该品牌不断优化现有的流程、知识和技术　1　2　3　4　5　6　7

39. 该品牌坚持在既定的战略框架下分配人、
财、物资源　　　　　　　　　　　　　1　2　3　4　5　6　7

40. 我们已经在目标市场上建立了很高的品牌
知名度　　　　　　　　　　　　　　　1　2　3　4　5　6　7

41. 我们非常满意自己的品牌推广效果　　　1　2　3　4　5　6　7

42. 我们已经获得了顾客高度的品牌忠诚　　1　2　3　4　5　6　7

43. 我们已经建立了卓越的品牌声誉　　　　1　2　3　4　5　6　7

三、请提供您简单的个人资料。

1. 性别：□男　　　　□女

2. 您的年龄：□29 岁及以下　　　□30～40 岁　　　□41～59 岁
　　　　　　　□60 岁及以上

3. 您的岗位：□高层管理者　　　□中层管理者　　　□基层管理者
　　　　　　　□普通员工

再次感谢您的支持和配合！

参考文献

［1］安贺新，李喆．中华老字号顾客体验管理问题研究［J］．管理世界，2013（2）：182－183．

［2］白如彬．中医阴阳五行视角下的本土企业管理理论研究［J］．中外企业家，2015（13）：250－255＋257．

［3］曾仕强．大易管理［M］．北京：东方出版社，2005．

［4］陈春花，刘祯．案例研究的基本方法——对经典文献的综述［J］．管理案例研究与评论，2010，3（2）：175－182．

［5］成中英，吕力．成中英教授论管理哲学的概念、体系、结构与中国管理哲学［J］．管理学报，2012，9（8）：1099－1110．

［6］成中英．C理论——中国管理哲学［M］．上海：学林出版社，1999．

［7］邓立治，王辉坡，何维达．中国企业自主品牌创新外部支持效果比较研究——以东中西部有代表性省份为例［J］．科学学与科学技术管理，2009（11）：106－110．

［8］丁善懿．中国传统易学与现代科技管理［A］．段长山．现代易学优秀论文集［C］．郑州：中州古籍出版社，1994．

［9］方东美．原始儒家道家哲学［M］．北京：中华书局，2012．

［10］高洋，薛星群，葛宝山．机会资源一体化、网络关系与创业绩效［J］．科学学研究，2019，37（12）：2211－2221．

［11］巩见刚，高旭艳，孙岩．本土管理学如何赓续中国传统文化——

兼对已有思路的讨论［J］．管理学报，2019，1（10）：1447－1456．

［12］郭彦．怀旧文化构成维度对老字号品牌资产的影响机理即传承策略［D］．上海：东华大学，2017．

［13］何佳讯．长期品牌管理［M］．上海：上海人民出版社，2016．

［14］何佳讯，李耀．品牌活化原理与决策方法探窥——兼谈我国老字号品牌的振兴［J］．北京工商大学学报（社会科学版），2006，21（6）：50－55．

［15］何佳讯，秦翕嫣，杨清云，王莹．创新还是怀旧？长期品牌管理"悖论"与老品牌市场细分取向——一项来自中国三城市的实证研究［J］．管理世界，2007（11）：96－107＋149．

［16］胡保亮．商业模式创新、技术创新与企业绩效关系：基于创业板上市企业的实证研究［J］．科技进步与对策，2012，29（3）：95－100．

［17］胡国栋，李苗．张瑞敏的水式管理哲学及其理论体系［J］．外国经济与管理，2019，41（3）：25－37＋69．

［18］黄磊，吴朝彦．B2B品牌导向对品牌绩效的影响机制研究：供应商资源投入的关键作用［J］．管理评论，2017，29（9）：181－192．

［19］黄永春，姚山季．产品创新与绩效：基于元分析的直接效应研究［J］．管理学报，2010，7（7）：1027－1031．

［20］贾利军，张萌，李琦，赵庆杰．五行正义及其营销意蕴［J］．管理学报，2020，17（1）：105－110．

［21］贾利军，周南，何佳讯．基于太极生化模式的营销进化论思考［J］．周易研究，2015（3）：73－81．

［22］简予繁，周志民，周南．老字号品牌采用流行文化的合法性获得与影响［J］．华东经济管理，2019，33（9）：142－152．

［23］蒋廉雄．如何消除品牌空心化［J］．国企，2013（4）：124－127．

［24］鞠强．二元相对平衡管理理论［J］．企业管理，2004（3）：95－97．

［25］柯佳宁，王良燕．跨品类延伸对老字号品牌和新兴品牌的影响差异研究［J］．南开管理评论，2021，24（2）：4－14．

［26］李海，熊娟，朱金强．情绪对个体创造力的双元影响机制——基于阴阳观的视角［J］．经济管理，2016，38（10）：100－113．

［27］李平，杨政银，陈春花．管理学术研究的"知行合一"之道：融合

德鲁克与马奇的独特之路 [J]. 外国经济与管理, 2018, 40 (12): 28 - 45.

[28] 李平. 中国本土管理研究与中国传统哲学 [J]. 管理学报, 2013, 10 (9): 1249 - 1261.

[29] 李平. 中国管理本土研究: 理念定义及范式设计 [J]. 管理学报, 2010, 7 (5): 633 - 641 + 648.

[30] 李鑫. 谦虚谨慎或者骄傲自负: 中国本土管理研究的心态问题 [J]. 管理学报, 2016, 13 (1): 40 - 48.

[31] 李鑫. 中国本土管理研究的 X 整合主义 [J]. 管理学报, 2015, 12 (2): 157 - 166.

[32] 李瑶, 孙彪, 刘益. 社会资本悖论与联盟双元创新: 阴阳思维与动态组合的管理角色 [J]. 科学学与科学技术管理, 2014, 35 (6): 93 - 101.

[33] 李忆, 司有和. 探索式创新、利用式创新与绩效: 战略和环境的影响 [J]. 南开管理评论, 2008, 11 (5): 4 - 12.

[34] 李永发. 定性比较分析: 融合定性与定量思维的组态比较方法 [J]. 广西师范大学学报 (哲学社会科学版), 2020, 56 (3): 89 - 110.

[35] 李悦. 管理者双元性研究现状探析和未来展望 [J]. 外国经济与管理, 2018, 40 (8): 112 - 124.

[36] 李志刚, 刘金, 李兴旺, 贾兆鑫. 双元创新视角下老字号企业商业模式创新内在机理——基于德州扒鸡的纵向案例研究 [J]. 管理学报, 2021, 18 (10): 1512 - 1523.

[37] 刘戈. 云南白药老字号的跨界颠覆 [J]. 中外管理, 2018 (10): 76 - 77.

[38] 刘海兵, 冯文静, 张文礼. 中华老字号文化传统、创新与能力动态分析 [J]. 科学学研究, 2019, 37 (1): 140 - 153.

[39] 卢泰宏, 高辉. 品牌老化与品牌激活研究述评 [J]. 外国经济与管理, 2007 (2): 17 - 23.

[40] 罗建强, 姜平静. 基于阴阳平衡视角的混合产品生成过程解析 [J]. 软科学, 2020, 34 (1): 38 - 43.

[41] 罗肖依, 孙黎. 从悖论元理论看知行合一 [J]. 清华管理评论, 2018 (4): 89 - 95.

［42］罗肖依，孙黎．生生不息：破解绩效导向的悖论［J］．外国经济与管理，2019，41（5）：128－140．

［43］罗兴武，刘洋，项国鹏，宁鹏．中国转型经济情境下的商业模式创新：主题设计与量表开发［J］．外国经济与管理，2018，40（1）：33－49．

［44］吕力，李君，李倩，方竹青，王园园．动态博弈、阴阳思维与动态竞争视角下一类管理悖论的实质与解决［J］．科技创业月刊，2016，29（18）：98－100．

［45］吕庆华，林炳坤，梅雪芹．老字号品牌创新的前因后果：基于消费者感知视角［J］．华侨大学学报（哲学社会科学版），2019（1）：75－86．

［46］马超越．老字号品牌外部线索对消费者购买意愿的影响研究［D］．大连：东北财经大学，2014．

［47］马赛，李晨溪．基于悖论管理视角的老字号企业数字化转型研究——以张弓酒业为例［J］．中国软科学，2020（4）：184－192．

［48］彭贺．从管理与文化的关系看中国式管理［J］．管理学报，2007，4（3）：253－257．

［49］苏东水．东方管理［M］．太原：山西经济出版社，2003．

［50］苏勇，段雅婧．当西方遇见东方：东方管理理论研究综述［J］．外国经济与管理，2019，41（12）：3－18．

［51］苏中兴．管理"悖论"与阴阳平衡［J］．清华管理评论，2017（1）：28－36．

［52］覃大嘉，曹乐乐，施怡，胡倩倩，李根祎．职业能力、工作重塑和创新行为——基于阴阳和谐认知框架［J］．外国经济与管理，2020，42（11）：48－63．

［53］覃大嘉，呼玲妍，刘人怀．转型升级背景下制造业人资管理实践与情感承诺：基于易学阴阳和谐视角［J］．管理评论，2018，30（11）：164－175．

［54］唐建生、郭金蔓、马向阳．中华老字号品牌遗产评估体系研究［J］．太原理工大学学报（社会科学版），2016（12）：28－33．

［55］陶骏，李善文．基于品牌延伸的品牌复兴研究——对中华老字号的探讨［J］．企业经济，2012，31（9）：13－17．

［56］王海忠．消费行为中的民族中心与民族淡漠倾向［J］．南开管理

评论，2006，9（5）：107 – 112.

[57] 王静一，陈增祥. 品牌传承：内涵、价值、发现途径及其对中国品牌管理的战略启示 [J]. 品牌研究，2016（2）：54 – 62.

[58] 王静一. 老品牌的长寿性、品牌信任与消费者购买意向关系的实证研究 [J]. 广东商学院学报，2011，26（3）：61 – 66.

[59] 王克稳，徐会奇，栾慧洁. 基于消费者怀旧的中华老字号品牌营销 [J]. 北京市经济管理干部学院学报，2010，25（3）：21 – 26.

[60] 王新新，徐伟，单臻. 老字号真实性对购买意向的影响——口碑与自我概念一致性的作用 [J]. 经济问题，2019（7）：62 – 68.

[61] 王永贵，马双，杨宏恩. 服务外包中创新能力的测量、提升与绩效影响研究——基于发包与承包双方知识转移视角的分析 [J]. 管理世界，2015（6）：85 – 98.

[62] 王在华. 阴阳管理原理 [J]. 经济研究导刊，2010（13）：206 – 208.

[63] 王肇，王成荣. 老字号企业研发创新与品牌成长关系研究 [J]. 管理评论，2020，32（12）156 – 167.

[64] 尉建文，黄莉. "老字号"企业品牌创新及其影响因素 [J]. 广西师范学院学报（哲学社会科学版），2016，37（1）：13 – 18.

[65] 尉建文，刘波. "老字号"企业技术创新影响因素的实证研究 [J]. 广西民族大学学报（哲学社会科学版），2015，37（1）：72 – 76.

[66] 魏江，陶颜，陈俊青. 服务创新的实施框架及其实证 [J]. 科研管理，2008，29（6）：52 – 58.

[67] 魏钧、张勉. 中华老字号宣传语基于资源观点的质化研究 [J]. 管理评论，2008（7）：50 – 56 + 14.

[68] 吴剑峰，杨震宁，邱永辉. 国际研发合作的地域广度、资源禀赋与技术创新绩效的关系研究 [J]. 管理学报，2015，12（10）：1487 – 1495.

[69] 吴炯，黄紫嫣. 家族企业社会情感财富对品牌传承的影响——基于坦洋工夫红茶的多案例研究 [J]. 经济与管理研究，2020，41（5）：125 – 144.

[70] 吴小凤，岳荣荣，徐伟. 老字号品牌传承构型与模式：一项模糊集的定性比较分析 [J]. 商业经济研究，2022（1）：72 – 76.

[71] 徐鸣. 从实体资本到虚拟资本：现代企业理论演变之"道"——

基于中国"道"哲学的探索［J］．财经科学，2011（12）：64－73.

［72］徐伟，冯林燕，王新新．品牌真实性研究述评与展望［J］．品牌研究，2016，1（5）：21－31.

［73］徐伟，汤筱晓．老字号真实性对品牌延伸评价的影响机制研究［J］．财贸研究，2020（3）：86－94.

［74］徐伟，汤晓筱，王新新．传承还是创新？老字号品牌双元性实现路径研究——一项模糊集的定性比较分析［J］．经济与管理，2020（8）：85－104.

［75］徐伟，王平，宋思根，冯林燕．老字号真实性与品牌权益：自我一致性与品牌体验的作用［J］．财贸研究，2017，28（3）：95－103.

［76］徐伟，王平，王新新，宋思根．老字号真实性的测量与影响研究［J］．管理学报，2015，12（9）：1286－1293.

［77］徐伟，王新新，刘伟．老字号真实性的概念、维度及特征感知——基于扎根理论的质性研究［J］．财经论丛，2015（11）：80－87.

［78］徐伟，杨玉成，李永发．老字号品牌创新路径与模式研究［J］．管理学报，2020，17（10）：1535－1543.

［79］许晖，张海军，冯永春．传承还是重塑？本土老字号品牌活化模式与机制研究——基于品牌真实性与价值迁移视角［J］．管理世界，2018，34（4）：146－161＋188.

［80］许守任．营销探索与开发及其双元性对企业绩效的营销机制——基于中国国际化企业的实证研究［D］．天津：南开大学，2014.

［81］严莉，涂勇．揭秘平的 SINCE 效应［J］．销售与市场，2010（22）：2－35.

［82］颜世富．阴阳理论与五行管理模式［J］．上海管理科学，2012，34（6）：9－13.

［83］杨博旭，王玉荣，党建伟．技术多元性促进了合作创新吗？——阴阳范式的实证研究［J］．经济管理，2019（4）：57－74.

［84］尤树洋，蔡亚华，贾良定．CEO 兼具自恋和谦卑特质与组织双元性的关系研究［J］．经济管理，2020，42（5）：71－87.

［85］詹志方，王辉，周南．品牌阴阳"观"［J］．长沙理工大学学报

（社会科学版），2009，24（4）：15 – 17.

[86] 张峰，邱玮. 探索式和开发式市场创新的作用机理及其平衡 [J]. 管理科学，2013，26（1）：1 – 13.

[87] 张婧，邓卉. 品牌价值共创的关键维度及其对顾客认知与品牌绩效的影响：产业服务情境的实证研究 [J]. 南开管理评论，2013，16（2）：104 – 115 + 160.

[88] 张牧. 文化品牌的民族性及其对民族凝聚力的影响 [J]. 理论探讨，2016（2）：172 – 176.

[89] 张艳. 怀旧情绪对老龄消费者品牌偏好的影响——以中华老字号品牌为例 [J]. 财经问题研究，2013（10）：123 – 128.

[90] 郑万耕. 易学与现代管理的几个问题 [J]. 孔子研究，1998（4）：120 – 125.

[91] 周琪，苏敬勤，长青，张璐. 战略导向对企业绩效的作用机制研究：商业模式创新视角 [J]. 科学学与科学技术管理，2020，41（10）：74 – 92.

[92] 周生辉，周轩. 基于中医阴阳平衡法破解管理理论或策略对立问题的案例分析 [J]. 管理学报，2018，15（4）：485 – 495 + 538.

[93] 周泽将，李鼎. 轻资产运营对企业 R&D 投入的影响研究：以中国上市公司为例 [J]. 管理评论，2019（6）：91 – 101.

[94] 周止礼. 阴阳与管理 [J]. 殷都学刊，1992（1）：20 – 21 + 23.

[95] 朱金强，徐世勇，张丽华. "宽猛相济" 促创新——基于阴阳观的视角 [J]. 南开管理评论，2018（5）：200 – 212.

[96] 朱丽叶. 老字号独特性品牌资产的来源和构成 [J]. 经济经纬，2008（1）：117 – 120.

[97] 庄贵军，周南，朱连喜. 国货意识、品牌特性与消费者本土品牌偏好——一个跨行业产品的检验 [J]. 管理世界，2006（7）：85 – 94 + 114 + 172.

[98] Aaker D A. Building strong brands [M]. New York：Free Press，1996.

[99] Aaker D A. Managing brand equity [M]. New York：Free Press，1991.

[100] Aaker D A. Win the brand relevance battle and then build competitor barriers [J]. California Management Review，2012，54（2）：43 – 57.

［101］ Alba J W and Hutchinson J W. Dimensions of consumer expertise ［J］. Journal of Customer Research, 1987, 13 (4): 411 – 454.

［102］ Amujo O C and Otubanjo O. Leveraging rebranding of ʻunattractiveʼ nation brands to stimulate postdisaster tourism ［J］. Tourist Studies, 2012, 12 (1): 87 – 105.

［103］ Aspara J, Hietanen J and Tikkanen H. Business model innovation Vs replication: Financial performance implications of strategic emphases ［J］. Journal of Strategic Marketing, 2010, 18 (1): 39 – 56.

［104］ Atashfaraz M and Abadi M H H S. Impact of e-service innovation on brand equality and customer loyalty in Samsung international corporation ［J］. Procedia Economics and Finance, 2016 (10): 327 – 335.

［105］ Bakan D. The duality of human existence: An essay on psychology and religion ［M］. Chicago: Rand McNally, 1966.

［106］ Balmer J M T and Chen W. Corporate heritage brands in China. Consumer engagement with China's most celebrated corporate heritage brand Tong Ren Tang ［J］. Journal of Brand Management, 2015, 22 (3): 194 – 210.

［107］ Balmer J M T and Chen W. Corporate heritage tourism brand attractiveness and national identity ［J］. Journal of Product & Brand Management, 2016, 25 (3): 223 – 238.

［108］ Balmer J M T. Corporate heritage, corporate heritage marketing and total corporate heritage communications: What are they? What of them? ［J］. Corporate Communications: An International Journal, 2013, 18 (3): 290 – 326.

［109］ Baumgarth C and Schmidt M. How strong is the business-to-business brand in the workforce? An empirically-tested model of "internal brand equity" in a business-to-business setting ［J］. Industrial Marketing Management, 2010, 39 (8): 1250 – 1260.

［110］ Becheikh N, Landry R and Amara N. Lessons from innovation empirical studies in the manufacturing sector: A systematic review of the literature from 1993 – 2003 ［J］. Technovation, 2006, 26 (5 – 6): 644 – 664.

［111］ Bengtsson A, Bardhi F and Venkatraman M. How global brands travel with consumers [J]. International Marketing Review, 2010, 27 (5): 517 – 540.

[112] Benner M J, Tushman M L. Exploitation, exploration, and process management: The productivity dilemma revisited [J]. The Academy of Management Review, 2003, 28 (2): 238 – 256.

[113] Berry N C. Revitalizing brands [J]. The Journal of Consumer Marketing, 1988, 5 (3): 15 – 20.

[114] Beverland M and Farrelly F. The quest for authenticity in consumption: Consumers' purposive choice of authentic cues to shape experienced outcomes [J]. Journal of Consumer Research, 2010, 36 (5): 838 – 856.

[115] Beverland M and Francis J. The quest for authenticity in consumption: Consumers' purposive choice of authentic cues to shape experienced outcomes [J]. Journal of Consumer Research, 2010, 36 (5): 838 – 856.

[116] Beverland M B, Lindgreen A and Vink M W. Projecting authenticity through advertising [J]. Journal of Adverting, 2008, 37 (1): 5 – 15.

[117] Beverland M B and Luxton S. The projection of authenticity: Managing integrated marketing communications (IMC) through strategic decoupling [J]. Journal of Advertising, 2005, 34 (4): 103 – 116.

[118] Beverland M B, Wilner S J S and Micheli P. Reconciling the tension between consistency and relevance: Design thinking as a mechanism for brand ambidexterity [J]. Journal of Academy of Marketing Science, 2015, 43: 589 – 609.

[119] Bilkey W J and Nes E. Country-of-origin effects on product evaluations [J]. Journal of International Business, 1982, 13 (1): 89 – 99.

[120] Bledow R, Frese M, Anderson N, Erez M and Farr J. A dialectic perspective on innovation: Conflicting demands, multiple pathways, and ambidexterity [J]. Industrial and Organizational Psychology, 2009, 2 (3): 305 – 337.

[121] Brodie R J, Ilic A, Juric B and Hollebeek L. Consumer engagement in a virtual brand community: An exploratory analysis [J]. Journal of Business Research, 2013, 66 (1): 105 – 114.

[122] Brown S, Kozinet R V and Sherry J F. Teaching old brands new tricks: Retro branding and the revival of brand meaning [J]. Journal of Market-

ing, 2003, 67 (3): 19 – 33.

[123] Brugha C M. A meta system for understanding international conflict [J]. International Journal of Knowledge and Systems Sciences, 2006, 3 (3): 17 – 23.

[124] Bruhn M, Schoenmüller V, Schäfer D andHeinrich D. Brand authenticity: Towards a deeper understanding of its conceptualization and measurement [J]. Advances in Consumer Research, 2012, 40: 567 – 576.

[125] Callon M, Latour B. Unscrewing the big leviathan: How actors macro-structure reality and how sociologists help them to do so [J]. Advances in Social Theory and Methodology: Toward an Integration of Micro-and Macro-sociologies, 1981: 277 – 303.

[126] Cao Q, Gedajlovic E and Zhang H P. Unpacking organizational ambidexterity: Dimensions, contingencies, and synergistic effects [J]. Organization Science, 2009, 20 (4): 781 – 796.

[127] Chen C C. Yin-Yang dialectics and communitarianism in cross-cultural management research [J]. Cross Cultural and Strategic Management, 2018, 25 (3): 492 – 500.

[128] Chen G M, Starosta W J, Chen G M. Chinese conflict management and resolution: Overview and implications [J]. Intercultural Communication Studies, (1997 – 1998), 7 (1): 1 – 16.

[129] Chin T. Yin-Yang harmony for management [J]. Diversity of Managerial Perspectives from Inside China, 2015: 195 – 204.

[130] Christensen C M. The ongoing process of building a theory of disruption [J]. Journal of Product Innovation Management, 2006, 23 (4): 39 – 55.

[131] Christensen C M and Bower J L. Customer power, strategic investment, and the failure of leading firms [J]. Strategic Management Journal, 1996, 17 (3): 197 – 218.

[132] Crossan M and Apaydin M. A multi-dimensional framework of organizational innovation: A systematic review of the literature [J]. Journal of Management Studies, 2010, 47 (6): 1154 – 1191.

[133] Čutura M. The influence of ethnicity on consumers' purchase patterns in the context of Bosnia and Herzegovina [J]. Economic Research-EkonomskaIstraživanja, 2012, 25 (2): 83 –101.

[134] Day G S, Wensley R. Assessing advantage: A frame-work for diagnosing competitive superiority [J]. The Journal of Marketing, 1988, 52 (2): 1 –20.

[135] Delgado-Ballester E, Munuera-Alemán J L and Yagüe-Guillén M J. Development and validation of a brand trust scale [J]. International Journal of Market Research, 2003, 45 (1): 35 –53.

[136] Derous E and De Witte K. Looking at selection from a social process perspective: Towards a social process model on personnel selection [J]. European Journal of Work and Organizational Psychology, 2001, 10: 319 –342.

[137] Desal P S, Kalra A and Murthi B P S. When old is gold: the role of business longevity in risky situations [J]. Journal of Marketing, 2008, 72 (1): 95 – 107.

[138] Dougla E, Shepherd D A and Prentice C. Using fuzzy-set Qualitative comparative analysis for a finer-grained understanding of entrepreneurship [J]. Journal of Business Ventruing, 2020, 35 (1): 1 –17.

[139] Du R, AI S and Brugha C M. Integrating Taoist Yin-Yang thinking with Western nomology: A moderating model of trust in conflict management [J]. Chinese Management Studies, 2011, 5 (1): 55 –67.

[140] Eggers F, O'Dwyer M, Kraus S, Vallaster C and Güldenberg S. The Impact of brand authenticity on brand trust and SME growth: A CEO perspective [J]. Journal of World Business, 2013, 48 (3): 340 –348.

[141] Eisenhardt K M, Furr N R and Bingham C B. CROSSROADS-Microfoundations of performance: Balancing efficiency and flexibility in dynamic environments [J]. Organization Science, 2010, 21 (6): 1263 –1273.

[142] Fang T. Yin Yang: A new perspective on culture [J]. Management and Organization Review, 2012, 8 (1): 25 –50.

[143] Farjoun. Beyond dualism: Stability and change as a duality [J]. The

Academy of Management Review, 2010, 35 (2): 202 – 225.

[144] Fornell C and Larcker D F. Structural equation models with unobservable variables and measurement error: Algebra and statistics [J]. Journal of Marketing Research, 1981, 18: 382 – 388.

[145] Gerzema J and Lebar E. The brand bubble: The looming crisis in brand value and how to avoid it [M]. San Francisco: Jossey-Bass, 2008.

[146] Gibson C B and Birkinshaw J. The antecedents, consequences and mediating role of organizational ambidexterity [J]. Academy of Management Journal, 2004, 47 (2): 209 – 226.

[147] Gilmore J H and Pine II J. Authenticity: What consumer really want [M]. Boston: Harvard Business School Press, 2007.

[148] Gilson L L, Mathieu J E, Shalley C E, Ruddy T M and Corporation S. Creativity and standardization: Complementary or conflicting drivers of team effectiveness? [J]. Academy of Management Journal, 2005, 48 (3): 521 – 531.

[149] Glaser B G and Strauss A L. The discovery of grounded theory: Strategies for qualitative research [J]. London School of Economics, 1968, 20 (2): 227 – 228.

[150] Good D and Michel E J. Individual ambidexterity: Exploring and exploiting in dynamic contexts [J]. The Journal of Psychology, 2013, 147 (5): 435 – 453.

[151] Govindarajan V and Kopalle P. K. Disruptiveness of innovations: Measurement and an assessment of reliability and validity [J]. Strategic Management Journal, 2006, 27 (2): 189 – 199.

[152] Grant R M. The resource-based theory of competitive advantage: Implications for strategy formulation [J]. California Management Review, 1991, 33 (2): 114 – 135.

[153] Hakala H. Strategic orientations in management literature: Three approaches to understanding the interaction between market, technology, entrepreneurial and learning orientations [J]. International Journal of Management Reviews, 2011, 13: 199 – 217.

[154] Haunschild P R and Miner A S. Modes of interorganizational imitation: the effects of outcome salience and uncertainty [J]. Administrative Science Quarterly, 1997, 42 (3): 472 – 500.

[155] He H W and Balmer J M T. Alliance brands: Building corporate brands through strategic alliances? [J]. Journal of Brand Management, 2006, 13 (4 – 5): 242 – 256.

[156] He Z L and Wong P K. Exploration Vs. exploitation: An empirical test of the ambidexterity hypothesis [J]. Organization Science, 2004, 15 (4): 481 – 494.

[157] Heslop L A, Lu I R R and Cray D. Modeling country image effects, trough an international crisis [J]. International Marketing Review, 2008, 25 (4): 354 – 378.

[158] Itsaso Gonzalez, Val E and Justel D. Closing the brand gap through innovation and design [J]. Elsevier Journal, 2016 (5): 112 – 116.

[159] Högström C, Gustafsson A and Tronvoll R. Strategic brand management archetypes for managing brands through paradoxes [J]. Journal of Business Research, 2015, 68 (2): 391 – 404.

[160] Holbrook M B and Schindler R M. Market segmentation based on age and attitude toward the past: concepts, methods, and finding concerning nostalgic influences on customer tastes [J]. Journal of Business Research, 1996, 37: 27 – 39.

[161] Holbrook M B. The nature of consumer value: An axiology of services in the consumption experience [J]. In Rust R T and Oliver R L. Service quality: New directions in theory and practice [M]. Thousand Oaks CA: Sage Publication, 1994.

[162] Holt D and Cameron D. Cultural strategy: Using innovative ideologies to build breakthrough brands [M]. Oxford: Oxford University Press, 2010.

[163] Jansen J J P, Van Den Bosch F A J and Volberda H W. Exploratory innovation, exploitative innovation, and performance: Effects of organizational antecedents and environmental moderators [J]. Management Science, 2006, 52 (11): 1661 – 1674.

［164］ Jing R T and Van De Ven A H. A Yin-Yang model of organizational change：The case of Chengdu bus group ［J］. Management and Organization Review, 2014, 10（1）：29 – 54.

［165］ Kapferer J N. Strategic brand management：New approaches to creating and evaluating brand equity ［M］. London：Kogan Page, 1992.

［166］ Kates S M. The dynamics of brand legitimacy：An interpretive study in the gay men's community ［J］. Journal of Consumer Research, 2004, 31（2）：455 – 464.

［167］ Keller K L. Building customer-based brand equity ［J］. Marketing Management, 2001, 10（2）：14 – 19.

［168］ Keller K L. Conceptualizing, measuring, and managing customer-based brand equity ［J］. Journal of Marketing, 1993, 57（1）：1 – 22.

［169］ Keller K L. Managing brands for the long run：Brand reinforcement and brand revitalization strategies ［J］. California Management Review, 1999, 41（3）：102 – 124.

［170］ Keller K L. Strategic brand management：Building, measuring and managing brand equity ［M］. NJ：Prentice Hall, 2003.

［171］ Keller T and Weibler J. Behind managers' ambidexterity-studying personality traits, leadership, and environmental conditions associated with exploration and exploitation ［J］. Schmalenbach Business Review, 2014, 66（3）：309 – 333.

［172］ Keller K L and Aaker D A. The impact of corporate marketing on a company's brand extensions ［J］. Corporate Reputation Review, 1998, 1（4）：356 – 378.

［173］ Kendall G and Wickham G. Understanding culture：Cultural studies, order, ordering ［M］. Sage Publications Ltd, 2001：79 – 85.

［174］ Kim J H and Hyun Y J. A model to investigate the influence of marketing-mix efforts and corporate image on brand equity in the IT software sector ［J］. Industrial Marketing Management, 2011, 40（3）：424 – 438.

［175］ Krishnan S H. Characteristics of memory associations：A consumer-based brand equity perspective [J]. International Journal of Research in Marketing, 1996, 13 (4): 389 – 405.

[176] Kotelnikov V. Radical innovation versus incremental innovation [M]. Boston: Harvard Business School Press, 2000.

[177] Kyriakopoulos K. and Moorman C. Tradeoffs in marketing exploitation and exploration strategies: The overlooked role of market orientation [J]. International Journal of Research in Marketing, 2004, 21 (3): 219 – 240.

[178] Lehu J M. Back to life! Why brands grow old and sometimes die and what managers then do: An exploratory qualitative research put into the French context [J]. Journal of Marketing Communications, 2004, 10 (2): 133 – 152.

[179] Leigh T W, Peter C and Shelton J. The consumer quest for authenticity: The multiplicity of meaning within the MG subculture of consumption [J]. Journal of the Academy of Marketing Science, 2006, 34 (4): 481 – 493.

[180] Lewis M W, Welsh M A, Dehler G E and Green S. Product development tensions: Exploring contrasting styles of project management [J]. Academy of Management Journal, 2002, 45 (3): 546 – 564.

[181] Lewis M W. Exploring paradox: Toward a more comprehensive guide [J]. Academy of Management Review, 2000, 25 (4): 760 – 777.

[182] Li C R, Lin C J and Tien Y H. CEO transformational leadership and top manager ambidexterity: An empirical study in Taiwan SMEs [J]. Leadership & Organization Development Journal, 2015, 36 (8): 927 – 954.

[183] Li P P. Both converging toward and diverging from global paradigms: The perspective of Yin-Yang balancing for the unity-in-diversity duality [J]. Management and Organization Review, 2015, 11 (4): 807 – 813.

[184] Li P P. Global implications of the indigenous epistemological system from the East: How to apply Yin-Yang balancing to paradox management [J]. Cross Cultural and Strategic Management, 2016, 23 (1): 42 – 77.

[185] Li P P. The rigor-relevance balance for engaged scholarship: New frame and new agenda for trust research and beyond [J]. Journal of Trust Research, 2011, 1 (1): 1 – 21.

[186] Li P P. The unique value of Yin-Yang balancing: A critical response [J]. Management and Organization Review, 2014, 10 (2): 321 –332.

[187] Li P P. Toward a geocentric framework of trust: An application to organizational trust [J]. Management and Organization Review, 2008, 4 (3): 413 –439.

[188] Li P P. Toward an integrative framework of indigenous research: The geocentric implications of Yin-Yang balance [J]. Asia Pacific Journal of Management, 2012, 29 (4): 849 –872.

[189] Li P P. Towards a geocentric framework of organizational form: A holistic, dynamic and paradoxical approach [J]. Organization Studies, 1998, 19 (5): 829 –861.

[190] Li X. Can Yin-Yang guide Chinese indigenous management research? [J]. Management and Organization Review, 2014, 10 (1): 7 –27.

[191] Li X. Is "Yin-Yang balancing" superior to ambidexterity as an approach to paradox management? [J]. Asia Pacific Journal of Management, 2019, 36 (1): 17 –32.

[192] Liao S H, Fei W C and Chen C C. Knowledge sharing, absorptive capacity and innovation capability: An empirical study of Taiwan's knowledge-intensive industries [J]. Journal of Information Science, 2007, 33 (3): 340 –359.

[193] Lin D L, Lu J Y, Li P P and Liu X. Balancing formality and informality in business exchanges as a duality: A comparative case study f returnee and local entrepreneurs in China [J]. Management and Organization Review, 2015, 11 (2): 315 –342.

[194] Loveland K E, Smeesters D and Mandel N. Still preoccupied with 1995: The need to belong and preference for nostalgic products [J]. Journal of Consumer Research, 2010, 37 (3): 393 –408.

[195] March J G. Exploration and exploitation in organizational learning [J]. Organizational Science, 1991, 2 (1): 71 –87.

[196] Merchant A, Latour K, Ford J B and Latour M S. How strong is the pull of the past? Measuring personal nostalgia evoked by advertising [J]. Journal

of Advertising Research, 2013, 53 (2): 150 – 165.

[197] Merrilees B. Radical brand evolution: a case-based framework [J]. Journal of Advertising Research, 2005, 45 (2): 201 – 210.

[198] Mizik N, Jacobson R L. The financial value impact of perceptual brand attributes [J]. Journal of Marketing Research, 2008, 45 (1): 15 – 32.

[199] Mom T J M, Fourné S P L and Jansen J J P. Managers' work experience, ambidexterity, and performance: The contingency role of the work context [J]. Human Resource Management, 2015, 54 (S1): 133 – 153.

[200] Mom T J M, Vand Den Bosch Frans A J and Volberda H W. Investigating managers' exploration and exploitation activities: The influence of top-down, bottom-up, and horizontal knowledge inflows [J]. Journal of Management Studies, 2007, 44 (6): 910 – 931.

[201] Morhart F, Malär L, Guèvremont A, Girardin F and Grohmann B. Brand authenticity: An integrative framework and measurement scale [J]. Journal of Consumer Psychology, 2015, 25 (2): 200 – 218.

[202] Napoli J, Dickinson S J, Beverland M B and Farrelly F. Measuring consumer-based brand authenticity [J]. Journal of Business Research, 2014, 67 (6): 1090 – 1098.

[203] Ndofor H A, Sirmon D G and He X M. Firm resources, competitive actions and performance: Investigating a mediated model with evidence from the in-vitro diagnostics industry [J]. Strategic Management Journal, 2011, 32 (6): 640 – 657.

[204] Newman G, Dhar R. Authenticity is contagious: Brand essence and the original source of product [J]. Journal of Marketing Research, 2014, 51 (3): 371 – 386.

[205] Nguyen B, Yu T C and Melewar J H. Brand ambidexterity and commitment in higher education: An exploratory study [J]. Journal of Business Research, 2016, 69 (8): 3105 – 3112.

[206] Nuryanti W. Heritage and postmodern tourism [J]. Annals of Tourism Research, 1996, 23 (2): 249 – 260.

［207］O'Cass A and Carison J. An e-retailing of perceived website-service innovativeness: Implication for website quality evaluations, trust, loyalty and word of mouth ［J］. Australasian Marketing Journal, 2012, 20 (1): 28 – 36.

［208］OECD. Oslo Manual: Guide lines for collecting and interpreting innovation data (Third editioned.) ［M］. Paris: OECD Publishing, 2005: 47 – 61.

［209］O'Reilly C A and Tushman M L. Organizational ambidexterity: Past, present, and future ［J］. Academy of Management Perspectives, 2013, 27 (4): 324 – 338.

［210］Osiyevskyy O and Dewald J. Explorative versus exploitative business model change: The cognitive antecedents of firm-level responses to disruptive innovation ［J］. Strategic Entrepreneurship Journal, 2015, 9 (1): 58 – 78.

［211］Park P, Javalgi R and Wachter M. Product ethnicity and perceived consumer authenticity: The moderating role of product type ［J］. Journal of Consumer Marketing, 2016, 33 (6): 458 – 468.

［212］Peng K, Nisbett R E. Culture, dialectics, and reasoning about contradiction ［J］. American Psychologist, 1999, 54 (9): 741 – 754.

［213］Preyas S, Desai A K and Murthi B P S. When old is gold: The role of business longevity in risky situation ［J］. Journal of Marketing, 2008, 72 (1): 95 – 107.

［214］Ragin C C. The comparative method: Moving beyond qualitative and quantitative strategies ［M］. Berkeley: University of California Press, 1987.

［215］Raisch S, Birkinshaw J, Probst G and Tushman M L Organizational ambidexterity: Balancing exploitation and exploration for sustained performance ［J］. Organization Science, 2009, 20 (4): 685 – 695.

［216］Romaniuk J, Dawes J and Nenycz-Thiel M. Gen-eralizations regarding the growth and decline of manufacturerand store brands ［J］. Journal of Retailing and Consumer Services, 2014, 21 (5): 725 – 734.

［217］Rose G M, Merchant A, Orth U R and Horstmann F. Emphasizing brand heritage: Does it work? And how? ［J］. Journal of Business Research, 2015, 21 (3): 132 – 141.

[218] Rose R L and Wood S L Paradox and the consumption of authenticity through reality television [J]. Journal of Consumer Research, 2005, 32 (9): 284 – 296.

[219] Rothaermel F T and Alexandre M T. Ambidexterity in technology sourcing: The moderating role of absorptive capacity [J]. Organization Science, 2009, 20 (4): 759 – 780.

[220] Rubera G and Kirca A H. Firm innovativeness and its performance outcomes: A meta-analytic review and theoretical integration [J]. Journal of Marketing, 2012, 76 (3): 130 – 147.

[221] Schallehn M, Burmann C and Riley N. Brand authenticity: Model development and empirical testing [J]. Journal of Product & brand Management, 2014, 23 (3): 192 – 199.

[222] Schumpeter J A. The theory of economic development: An inquiry into profits, capital, credit, interest, and the business cycle [M]. Boston: Harvard University Press, 1934.

[223] Shams R, Alpert F and Brown M. Consumer perceived brand innovativeness: Conceptualization and operationalization [J]. European Journal of Marketing, 2015, 49, (9/10): 1589 – 1615.

[224] Simonson B L and Ruth J A. Is a Company Known by the Company it Keeps? Assessing the Spillover effects of brand alliances on Consumer brand attitudes [J]. Journal of Marketing Research, 1998, 35 (1): 30 – 42.

[225] Simsek Z, Heavey C and Jansen J. Journal impact as a diffusion process: A conceptualization and the case of the Journal of Management Studies [J]. Journal of Management Studies, 2013, 50 (8): 1374 – 1407.

[226] Sinclair R N and Keller K L. A Case for brands as assets: Acquired and internally developed [J]. Journal of Brand Management, 2014, 21 (4): 286 – 302.

[227] Smith W K and Lewis M W. Toward a theory of paradox: A dynamic equilibrium model of organizing [J]. Academy of Management Review, 2011, 36 (2): 381 – 403.

［228］ Smith W K and Tushman M L. Managing strategic contradictions: A top management model for managing innovation streams ［J］. Organization Science, 2005, 16 (5): 522 – 536.

［229］ Snihur Y, Zott C. Towards an institutional perspective on business model innovation ［J］. Academy of Management Annual Meeting Proceedings, 2015 (1).

［230］ Thompson C J, Rindfleisch A and Arsel Z. Emotional branding and the strategic value of the doppelganger brand image ［J］. Journal of Marketing, 2006, 70 (1): 50 – 64.

［231］ Tushman M and O'Reilly C A. Evolution and revolution: Mastering the dynamics of innovation and change ［J］. California Management Review, 1996, 38 (4): 8 – 30.

［232］ Uotila J, Maula M, Keil T and Zahra S A. Exploration, exploitation, and financial performance: Analysis of S&P 500 corporations ［J］. Strategic Management Journal, 2009, 30 (2): 221 – 231.

［233］ Urde M, Greyser A and Balmer J M T. Corporate brands with a heritage ［J］. Journal of Brand Management, 2007, 15 (1): 4 – 19.

［234］ Usher G and Whitty S J. Projectmanagement Yin Yang: Coupling project success and client satisfaction ［J］. Project Management Research and Practice, 2017, 4: 1 – 27.

［235］ Van Rekom J, Jacobs G and Verlegh P W J. Measuring and managing the essence of a brand personality ［J］. Marketing Letters, 2006, 17 (3): 181 – 192.

［236］ Villar C, Alegre J and Pla-Barber J. Exploring the role of knowledge management practices on exports: A dynamic capabilities view ［J］. International Business Review, 2014, 23 (1): 38 – 44.

［237］ Visnjic I, Wiengarten F and Neely A. Only the brave: Produce innovation, service business model innovation, and their impact on performance ［J］. Journal of Product Innovation Management, 2016, 33 (1): 36 – 52.

［238］ Wang L, Jin J L and Zhou K Z. Institutional forces and customer participation in new product development: A Yin-Yang perspective [J]. Industrial Marketing Management, 2019, 82: 188 – 198.

[239] Wernerfelt B. Resource-based view of the firm [J]. Strategic Management Journal, 1984, 5 (2): 171 – 180.

[240] Wiedmann K P, Hennigs N, Schmidt S and Wuestefeld T. Drivers and outcomes of brand heritage: Consumers' perception of heritage brands in the automotive industry [J]. Journal of Marketing Theory and Practice, 2011, 19 (2): 205 – 220.

[241] Wiedmann K P, Hennigs N, Schmidt S and Wuestefeld T. The importance of brand heritage as a key performance driver in marketing management [J]. Journal of Brand Management, 2011, 19 (3): 182 – 194.

[242] Wiedmann K P, Hennigs N, Schmidt S and Wuestefeld T. Drivers and outcomes of brand heritage: Consumers' perception of heritage brands in the automotive industry [J]. Journal of Marketing Theory and Practice, 2011, 19 (2): 205 – 220.

[243] Worm S and Srivastava R K. Impact of component supplier branding on profitability [J]. International Journal of Research in Marketing, 2014, 31 (4): 409 – 424.

[244] Wuestefeld T, Hennigs N, Schmidt S and Wiedmann K P. The impact of brand heritage on customer perceived value [J]. International Journal of Marketing, 2012, 51: 51 – 61.

[245] Wuyts S, Dutta S and Stremersch S. Porfolios of interfirm agreements in technology-intensive markets: Consequences for innovation and profitability [J]. Journal of Marketing, 2004, 68 (2): 88 – 100.

[246] Zadeh L A. Fuzzy logic and approximate reasoning [J]. Synthese, 1975, 30 (3 – 4): 407 – 428.

[247] Zhang H Y, Ou A Y and Tsui A S. CEO humility, narcissism and firm innovation: A paradox perspective on CEO traits [J]. The Leadership Quarterly, 2017, 28: 585 – 604.

[248] Zhang Z and Reay T. Managing the Yin and Yang of family capital: A

study of Chinese immigrant entrepreneurs [J]. Entrepreneurship and Regional Development, 2018, 30 (7 – 8): 722 – 748.

[249] Zhou K Z, Yim C K and Tse D K. The effects of strategic orientations on technology and market-based breakthrough innovations [J]. Journal of Marketing, 2005, 69 (2): 42 – 60.

[250] Zott C and Amit R. Business model design and the performance of entrepreneurial firms [J]. Organization Science, 2007, 18 (2): 181 – 199.